Sammlung

Außerdeutscher Strafgesetzbücher

Herausgegeben im Auftrage der Schriftleitung

der Zeitschrift für die gesamte Strafrechtswissenschaft und der Mitteilungen der Internationalen Kriminalistischen Vereinigung

XLIX.

Strafgesetzbuch (Ugolownyj Kodex) der Russischen Sozialist. Föderativen Sowjet-Republik (R. S. F. S. R.)

vom 22. November 1926

Berlin und Leipzig 1931

Walter de Gruyter & Co.

vormals G. J. Göschen'sche Verlagshandlung — J. Guttentag, Verlagsbuchhandlung
Georg Reimer — Karl J. Trübner — Veit & Comp.

Strafgesetzbuch

(Ugolownyj Kodex)

der Russischen Sozialistischen Föderativen Sowjet-Republik

(R. S. F. S. R.)

vom 22. November 1926

mit den Änderungen bis zum 1. August 1930

übersetzt von

Dr. Wilhelm Gallas
Gerichtsassessor in Berlin

Berlin und Leipzig 1931

Walter de Gruyter & Co.

vormals G. J. Göschen'sche Verlagshandlung — J. Guttentag, Verlagsbuchhandlung
Georg Reimer — Karl J. Trübner — Veit & Comp.

Druck von Walter de Gruyter & Co., Berlin W. 10

Die vorliegende Übersetzung gibt das geltende Strafgesetzbuch der Russischen Sozialistischen Föderativen Sowjet-Republik nach dem Stand vom 1. August 1930 wieder. Die seit seinem Inkrafttreten erlassenen zahlreichen Novellen sind im Interesse der Übersichtlichkeit grundsätzlich ohne äußere Kenntlichmachung im Text berücksichtigt. Die als »Anmerkung« bezeichneten Zusätze zu den einzelnen Paragraphen sind Bestandteile des offiziellen Gesetzestextes. Nur die Fußnoten enthalten Anmerkungen des Übersetzers.

Über die Vorgeschichte des Gesetzbuchs gibt die nachfolgende Einleitung einen kurzen Überblick.

Die Übertragung war in erster Linie von dem Bestreben geleitet, den russischen Text möglichst wortgetreu wiederzugeben. Angesichts der weitgehenden Verschiedenheit zwischen der russischen und deutschen Technik der Gesetzessprache ließ sich hierbei eine gewisse Schwerfälligkeit des Ausdrucks nicht vermeiden.

Herrn Alexander Elkin, der mich durch seine wertvolle Mitarbeit bei der Übersetzung unterstützt hat, möchte ich auch an dieser Stelle meinen aufrichtigsten Dank aussprechen.

Gallas.

Einleitung.

Die Strafgesetzgebung des seit dem Jahre 1923 in der Union der Sozialistischen Sowjet-Republiken (U.d.S.S.R.) bundesstaatlich organisierten Sowjetreichs bietet ein getreues Spiegelbild seiner politischen und wirtschaftlichen Entwicklung [1]).

In der der Machtergreifung durch die Sowjets folgenden Zeit des Bürgerkriegs (Epoche des sog. Kriegskommunismus) fehlt es fast gänzlich an einer positiven Regelung. Soweit die Strafjustiz nicht überhaupt in der Form des Standrechts ausgeübt wurde, bildete neben einzelnen von dem neuen Regime zur Bekämpfung gegenrevolutionärer Delikte erlassenen Strafbestimmungen das »revolutionäre Rechtsbewußtsein« der Volksgerichte die maßgebliche Rechtsquelle. Nur soweit sie diesem nicht widersprachen, sollten für die erste Zeit die Gesetze und Verordnungen der gestürzten Regierungen noch zur Anwendung kommen (Dekrete vom 24. November 1917 und 17. Februar 1918). Das Dekret vom 30. November 1918 machte auch dieser vorläufigen Fortgeltung des früheren Rechts ein Ende.

Mit der Konsolidierung der politischen Herrschaft des Sowjetregimes und der zunehmenden Bedeutung wirtschaftlicher Probleme wuchs das Bedürfnis nach einer umfassenden gesetzlichen Regelung der Strafrechtspflege. Den ersten Schritt zu einer Neuordnung des materiellen Strafrechts machen die am 12. Dezember 1919 erlassenen »Grundsätze für das Strafrecht der Russischen Sozialistischen Föderativen Sowjet-Republik (R.S.-F.S.R.)« [2]), der wichtigsten der auf dem Boden des alten russischen Reiches entstandenen Sowjetrepubliken. Diese »Grundsätze« enthalten allerdings außer einer Präambel über Wesen und Zweck eines Strafrechts der proletarischen Diktatur nur eine Reihe von Bestimmungen eines »Allgemeinen Teils«. Nach einigen in der Zwischenzeit erlassenen Sondergesetzen folgte im Jahre 1922 die erste Kodifikation des Strafrechts, das am 1. Juni desselben Jahres in Kraft getretene »Strafgesetzbuch (Ugolownyj Kodex) der R.S.F.S.R.« [3]). Es wurde mit unwesentlichen Modifikationen nach und nach auch von den übrigen Sowjetrepubliken übernommen.

Schon bald nach Erlaß des Strafgesetzbuchs von 1922 machten sich Reformbestrebungen geltend. Sie gingen von der extrem-kommunistischen

---

[1]) Vgl. zum folgenden Zaitzeff in Handwörterbuch d. Rechtswiss. Bd. V, S. 193ff.; ders. ZStRW. Bd. 43, S. 198ff., Bd. 44, S. 328ff. sowie die eingehende historische Einleitung bei Maurach, System des Russischen Strafrechts (Berlin 1928) S. 35ff.

[2]) Übersetzt von Freund: Strafgesetzbuch, Gerichtsverfassungsgesetz und Strafprozeßordnung Sowjetrußlands (Berlin 1925) S. 89ff.

[3]) Übersetzung und Kommentar von Freund a. a. O. S. 99ff.

Gruppe der russischen Strafrechtler aus, die in dem Gesetz eine Verwässerung der marxistischen Grundsätze erblickten, entsprachen aber auch einer radikaleren wirtschaftspolitischen Richtung, die die in der »Neuen Oekonomischen Politik« (NEP) dem Kapitalismus eingeräumten Konzessionen bekämpfte. Die Initiative lag bei der Union, zu deren Zuständigkeit seit der Bundesverfassung von 1923 die Grundsatzgesetzgebung auf dem Gebiet des Strafrechts gehörte. Am 31. Oktober 1924 wurden die »Grundsätze der Strafgesetzgebung der U.d.S.S.R.«[1]) erlassen. Sie enthielten wie die »Grundsätze« von 1919 nur einen »Allgemeinen Teil«, der jedoch entsprechend den Reformwünschen eine konsequentere Durchführung der marxistischen Strafrechtsprinzipien brachte.

Aufgebaut auf den in den »Grundsätzen« von 1924 enthaltenen Richtlinien, zum Teil — mit nachträglicher Genehmigung der Unionsgesetzgebung — über sie hinausgehend, erschien im Jahre 1926 das hier in deutscher Übersetzung vorgelegte neue »Strafgesetzbuch (Ugolownyj Kodex) der R.S.F.S.R.« Es wurde am 22. November 1926 in der Gesetzsammlung der R.S.F.S.R. (GS. 1926, Nr. 80, Art. 600) veröffentlicht und trat am 1. Januar 1927 in Kraft. Den in der Folgezeit in den übrigen Bundesrepubliken erlassenen Strafgesetzbüchern diente es in allen grundsätzlichen Punkten als Vorbild, so daß es insoweit zugleich den in der gesamten Union geltenden Rechtszustand wiedergibt.

Das Gesetzbuch ist seit seinem Inkrafttreten durch Aufnahme der der Unionsgesetzgebung vorbehaltenen Bestimmungen über politische und Militärdelikte ergänzt und in zahlreichen Novellen abgeändert worden. Zunächst durch ein Gesetz vom 6. Juni 1927, das der Beseitigung verschiedener bei der Redaktion übersehener Unstimmigkeiten und Lücken diente. Es folgten — entsprechend den jeweiligen politischen und wirtschaftlichen Bedürfnissen — fortlaufend Änderungen und Zusätze im »Besonderen Teil«, während die allgemeinen Vorschriften im wesentlichen unverändert blieben. Erst die Jahre 1929/1930 brachten auch hier wichtige Neuerungen. Sie betreffen vornehmlich die Grenze der Strafmündigkeit sowie Art und Dauer der Maßnahmen des sozialen Schutzes.

Zurzeit sind wiederum Reformbestrebungen im Gange. Auch diesmal erhalten sie ihre Stoßkraft und aktuelle Bedeutung durch eine erneute Radikalisierung der Wirtschaftspolitik des Sowjetregimes (»Stalin-Kurs«, »Fünfjahresplan«). Ihr vorläufiges Ergebnis bilden je ein Entwurf der Strafrechtssektion des Instituts für Sowjetverfassung und Sowjetrecht an der Kommunistischen Akademie (Kommissionsvorsitzender: Krylenko) und des Staatlichen Instituts zur Erforschung der Kriminalität und des Verbrechers (Kommissionsvorsitzender: Schirwindt). Beide Entwürfe sind im Sommer 1930 veröffentlicht und zur allgemeinen Diskussion gestellt worden.

[1]) Übersetzt von Freund a. a. O. S. 419ff.

Allgemeiner Teil.

Erster Teil.

Ziele der Strafgesetzgebung der R.S.F.S.R.

§ 1. Die Strafgesetzgebung der R.S.F.S.R. hat zur Aufgabe die Sicherung des sozialistischen Staates der Arbeiter und Bauern und der in seinem Bereich geltenden Rechtsordnung vor gemeingefährlichen Handlungen (Verbrechen) durch Anwendung der in diesem Gesetz bezeichneten Maßnahmen des sozialen Schutzes auf die Täter.

Zweiter Teil.

Geltungsbereich des Strafgesetzbuchs.

§ 2. Die Geltung dieses Gesetzbuchs erstreckt sich auf alle Bürger der R.S.F.S.R., die gemeingefährliche Handlungen innerhalb der Grenzen der R.S.F.S.R., im Falle ihrer Festnahme auf dem Gebiet der R.S.F.S.R. auch auf solche, die gemeingefährliche Handlungen außerhalb der Grenzen der U.d.S.S.R. begangen haben.

§ 3. Bürger anderer Unionsrepubliken haften für die von ihnen sowohl auf dem Gebiet der R.S.F.S.R. als auch außerhalb der Grenzen der U.d.S.S.R. begangenen Verbrechen nach den Gesetzen der R.S.F.S.R., wenn sie auf dem Gebiet der R.S.F.S.R. festgenommen und dem Gericht oder der gerichtlichen Untersuchung übergeben worden sind.

Für die auf dem Gebiet der U.d.S.S.R. begangenen Verbrechen haften die Bürger der Unionsrepubliken nach den Gesetzen des Ortes der Begehung des Verbrechens.

§ 4. Ausländer haften für die auf dem Gebiet der U.d.S.S.R. begangenen Verbrechen nach den Gesetzen des Ortes der Begehung des Verbrechens.

§ 5. Die Frage nach der strafrechtlichen Verantwortlichkeit ausländischer Bürger, die das Recht der Exterritorialität genießen, ist in jedem Fall auf diplomatischem Wege zu entscheiden.

Dritter Teil.

Allgemeine Grundsätze der Kriminalpolitik der R.S.F.S.R.

§ 6. Als gemeingefährlich gilt jede Handlung oder Unterlassung, die sich gegen das Sowjetsystem richtet oder die Rechtsordnung verletzt, die vom Regime der Arbeiter und Bauern für die Zeit des Übergangs zur kommunistischen Gesellschaftsordnung errichtet ist.

Anmerkung: Nicht als Verbrechen erscheint eine Handlung, die zwar formal die Tatbestandsmerkmale irgendeines Paragraphen dieses Gesetzbuchs verwirklicht, jedoch wegen ihrer offensichtlichen Geringfügigkeit und mangels schädlicher Folgen des gemeingefährlichen Charakters entbehrt.

§ 7. Auf Personen, die gemeingefährliche Handlungen begangen haben oder durch ihre Verbindung mit dem Verbrechermilieu oder durch ihre frühere Tätigkeit eine Gefahr bedeuten, werden Maßnahmen des sozialen Schutzes gerichtlich-bessernder, medizinischer oder medizinisch-pädagogischer Art angewandt.

§ 8. Falls eine konkrete Tat, die im Zeitpunkt ihrer Begehung im Sinn des § 6 dieses Gesetzbuchs ein Verbrechen darstellt, im Zeitpunkt der Verfolgung oder der gerichtlichen Untersuchung ihren gemeingefährlichen Charakter infolge einer Änderung des Strafgesetzes oder der sozialpolitischen Lage verloren hat, oder falls der Täter nach Ansicht des Gerichts im gegebenen Zeitpunkt nicht mehr als gemeingefährlich angesehen werden kann, so zieht diese Tat die Anwendung von Maßnahmen des sozialen Schutzes nicht nach sich.

§ 9. Maßnahmen des sozialen Schutzes werden angewandt zum Zwecke:

a) der Vorbeugung gegen die Begehung neuer Verbrechen durch Personen, die solche begangen haben;

b) der Einwirkung auf andere unlautere Glieder der Gesellschaft und

c) der Anpassung der Personen, die verbrecherische Taten begangen haben, an die Bedingungen des Gemeinschaftslebens im Staat der Werktätigen.

Maßnahmen des sozialen Schutzes können die Zufügung physischer Leiden oder die Verletzung der Menschenwürde nicht zum Ziele haben; sie machen sich Vergeltung und Strafe nicht zur Aufgabe.

§ 10. Auf Personen, die gemeingefährliche Handlungen begangen haben, werden Maßnahmen des sozialen Schutzes gerichtlich-bessernder Art nur dann angewandt, wenn diese Personen:

a) vorsätzlich gehandelt haben, d. h. den gemeingefährlichen Charakter der Folgen ihrer Tat vorausgesehen, diese Folgen gewollt oder doch deren Eintritt bewußt zugelassen haben, oder

b) fahrlässig gehandelt haben, d. h. die Folgen ihrer Handlungen nicht vorausgesehen haben, obwohl sie sie hätten voraussehen müssen, oder leichtfertig gehofft haben, solche Folgen abwenden zu können.

§ 11. Maßnahmen des sozialen Schutzes gerichtlich-bessernder Art können nicht angewandt werden auf Personen, die ein Verbrechen im Zustande chronischer Geisteskrankheit oder zeitweiliger Geistesstörung oder in einem anderen krankhaften Zustand begangen haben und demzufolge sich von ihren Handlungen nicht haben Rechenschaft geben können, oder nicht imstande waren, ihre Handlungen zu dirigieren, sowie auf solche Personen, die zwar im Zustand geistigen Gleichgewichts gehandelt haben, jedoch im Augenblick der Urteilsfällung an einer Geisteskrankheit leiden.

Auf diese Personen können lediglich Maßnahmen des sozialen Schutzes medizinischer Art angewandt werden.

Anmerkung: Die Geltung dieses Paragraphen erstreckt sich nicht auf Personen, die ein Verbrechen im Zustand der Trunkenheit begangen haben.

§ 12[1]). Maßnahmen des sozialen Schutzes gerichtlich-bessernder Art finden auf Minderjährige im Alter bis zu 16 Jahren keine Anwendung; auf diese können lediglich Maßnahmen des sozialen Schutzes medizinisch-pädagogischer Art — und zwar von besonderen Ausschüssen für die Angelegenheiten Minderjähriger — angewandt werden.

§ 13. Maßnahmen des sozialen Schutzes werden überhaupt nicht angewandt auf Personen, die Handlungen begangen haben, die in den Strafgesetzen vorgesehen sind, wenn das Gericht feststellt, daß sie diese Handlungen im Zustande der Notwehr gegen Angriffe auf das Sowjetregime, ihre eigene Person oder Rechte oder auf die Person oder Rechte eines Dritten begangen und hierbei die Grenzen einer notwendigen Verteidigung nicht überschritten haben.

Maßnahmen des sozialen Schutzes werden nicht angewandt, wenn die gleichen Handlungen zur Abwendung einer Gefahr begangen sind, die unter den gegebenen Umständen mit anderen Mitteln nicht abzuwenden war, und der hierbei verursachte Schaden im Vergleich zu dem abgewendeten Schaden als der weniger erhebliche erscheint.

§ 14. Eine Strafverfolgung ist ausgeschlossen: a) wenn seit dem Zeitpunkt der Begehung eines Verbrechens, für das das Gericht auf Freiheitsentziehung von mehr als fünf Jahren erkennen kann, zehn Jahre vergangen sind; b) wenn seit dem Zeitpunkt der Begehung eines Verbrechens, für das das Gericht auf Freiheitsentziehung bis zu fünf Jahren erkennen kann, fünf Jahre vergangen sind; c) wenn seit dem Zeitpunkt der Begehung eines Verbrechens, für das das Gericht auf Freiheitsentziehung bis zu einem Jahr erkennen kann oder im Gesetz

---

1) Nov. v. 30. 10. 1929 (GS. 1929 Nr. 82 Art. 796). Die ursprüngliche Fassung lautete:

Maßnahmen des sozialen Schutzes gerichtlich-bessernder Art finden auf Jugendliche im Alter bis zu 14 Jahren keine Anwendung; auf diese können lediglich Maßnahmen des sozialen Schutzes medizinisch-pädagogischer Art angewandt werden.

Auf Minderjährige im Alter von 14 bis zu 16 Jahren können Maßnahmen des sozialen Schutzes gerichtlich-bessernder Art nur dann angewandt werden, wenn der Ausschuß für die Angelegenheiten Minderjähriger die Unmöglichkeit feststellt, Maßnahmen des sozialen Schutzes medizinisch-pädagogischer Art auf sie anzuwenden.

eine mildere Maßnahme des sozialen Schutzes als Freiheitsentziehung vorgesehen ist, drei Jahre vergangen sind.

Die Verjährung wird angewandt, wenn während des Laufs der vorgesehenen Frist keinerlei Verfahren in der betreffenden Sache stattgefunden hat. Der Lauf der Verjährungsfrist wird unterbrochen, wenn der Täter während des Fristablaufs ein weiteres gleichartiges oder nicht minder schweres Verbrechen begeht, oder sich vor den Strafverfolgungsbehörden oder Gerichten verborgen hält; der Lauf der Verjährungsfristen beginnt in diesen Fällen wieder mit dem Tage der Begehung des zweiten Verbrechens oder mit dem Tage der Wiederaufnahme des gehemmten Verfahrens.

Anmerkung 1: In den Fällen, in denen der Täter wegen eines gegenrevolutionären Verbrechens zur strafrechtlichen Verantwortung gezogen wird, unterliegt die Anwendung der Verjährung in jedem Einzelfall dem Ermessen des Gerichts. Es tritt jedoch, falls das Gericht die Anwendung der Verjährung nicht für möglich erachtet, notwendig an die Stelle des Erschießens die Erklärung zum Feind der Werktätigen, verbunden mit der Aberkennung der Staatsangehörigkeit der Unionsrepublik und damit der der Union der S.S.R. sowie der dauernden Ausweisung aus dem Gebiet der Union der S.S.R. oder Freiheitsentziehung nicht unter zwei Jahren.

Anmerkung 2: In bezug auf Personen, die strafrechtlich verantwortlich gemacht werden für aktive Handlungen und aktiven Kampf gegen die Arbeiterklasse und die revolutionäre Bewegung, ausgeführt auf verantwortlichem oder geheimem Posten während des zaristischen Regimes oder bei gegenrevolutionären Regierungen während des Bürgerkriegs, unterliegt sowohl die Anwendung der Verjährung als auch die Frage der Umwandlung des Erschießens dem Ermessen des Gerichts.

Anmerkung 3: Die in diesem Paragraphen festgesetzten Verjährungsfristen gelten nicht für Handlungen, die gemäß diesem Gesetzbuch im Verwaltungsverfahren verfolgt werden; die Ahndung dieser Handlungen kann nur innerhalb eines Monats seit dem Tage ihrer Begehung erfolgen.

§ 15. Ein verurteilendes Erkenntnis wird nicht mehr vollstreckt, wenn es nicht bereits innerhalb zehn Jahre seit dem Tage des Ausspruchs vollstreckt worden ist.

§ 16. Wenn die eine oder die andere gemeingefährliche Handlung in diesem Gesetzbuch nicht unmittelbar vorgesehen ist, so bestimmen sich Grund und Umfang der Verantwortlichkeit dafür nach den Paragraphen dieses Gesetzbuchs, die ihrer Art nach am meisten ähnliche Verbrechen vorsehen.

§ 17. Maßnahmen des sozialen Schutzes gerichtlich-bessernder Art werden ebenso wie auf Personen, die das Verbrechen ausgeführt haben

— die Täter — auch auf Personen, die daran teilgenommen haben — Anstifter und Gehilfen — angewandt.

Als Anstifter gelten Personen, die den Täter zur Ausführung des Verbrechens bestimmt haben.

Als Gehilfen gelten Personen, die zur Ausführung des Verbrechens durch Ratschläge, Hinweise, Zur-Verfügung-Stellen von Mitteln, Beseitigen von Hindernissen oder durch Verbergen des Täters oder der Spuren des Verbrechens beitragen.

§ 18. Die Maßnahmen des sozialen Schutzes gerichtlich-bessernder Art bemessen sich für jeden Teilnehmer sowohl nach dem Umfang seiner Teilnahme an dem betreffenden Verbrechen als auch nach dem Grad der Gefährlichkeit dieses Verbrechens und der Person des Teilnehmers.

Die Nichtanzeige eines begangenen oder bevorstehenden Verbrechens zieht die Anwendung von Maßnahmen des sozialen Schutzes gerichtlich-bessernder Art nur in den Fällen nach sich, in denen es dieses Gesetzbuch ausdrücklich vorsieht.

§ 19. Der Versuch eines Verbrechens, aber auch die das Verbrechen vorbereitenden Handlungen — das Aufsuchen oder Herrichten der Werkzeuge oder Mittel und Schaffen der Vorbedingungen für die Ausführung des Verbrechens — werden ebenso verfolgt wie das vollendete Verbrechen. Hierbei hat das Gericht bei Bemessung der Maßnahmen des sozialen Schutzes gerichtlich-bessernder Art den Grad der Gefährlichkeit der Person, die das Verbrechen versucht oder vorbereitet hat, das Stadium der Vorbereitung des Verbrechens, die Nähe des Erfolgseintritts sowie die Ursachen zu berücksichtigen, aus denen das Verbrechen nicht zu Ende geführt worden ist.

In den Fällen, in denen das Verbrechen infolge eines freiwilligen Rücktritts der Person, die es zu vollenden beabsichtigte, nicht vollendet worden ist, bestimmt das Gericht eine angemessene Maßnahme des sozialen Schutzes für diejenigen Handlungen, die von dem Urheber des Versuchs oder der Vorbereitung tatsächlich begangen worden sind.

Vierter Teil.

Von den Maßnahmen des sozialen Schutzes, die gemäß den Bestimmungen des Strafgesetzbuchs auf Personen angewandt werden, die ein Verbrechen begangen haben.

§ 20[1]). Maßnahmen des sozialen Schutzes gerichtlich-bessernder Art sind:

---

[1]) Nov. v. 20. 5. 1930 (GS. 1930 Nr. 26 Art. 344). Die ursprüngliche Fassung der Ziff. b) und c) lautete:

b) Freiheitsentziehung mit strenger Isolierung;

c) Freiheitsentziehung ohne strenge Isolierung;

Die Novelle beseitigt zugleich die im Gesetzbuch bisher enthaltenen Hinweise auf die strenge Isolierung. Dementsprechend habe ich diese

a) Erklärung zum Feind der Werktätigen, verbunden mit Aberkennung der Staatsangehörigkeit der Unionsrepublik und damit der Staatsangehörigkeit der U.d.S.S.R. und unbedingter Ausweisung aus deren Gebiet;

b) Freiheitsentziehung, die in Besserungsarbeitslagern in entfernt liegenden Gegenden der U.d.S.S.R. verbüßt wird;

c) Freiheitsentziehung, die in den allgemeinen Gefängnissen verbüßt wird;

d) Zwangsarbeit ohne Freiheitsentziehung;

e) Aberkennung der politischen und einzelner bürgerlichen Rechte;

f) Ausweisung aus dem Gebiet der U.d.S.S.R. auf Zeit;

g) Ausweisung aus dem Gebiet der R.S.F.S.R. oder Ausweisung aus einem bestimmten Ort, verbunden mit Zwangsansiedlung an einem anderen Ort oder ohne solche, oder mit dem Verbot, sich an einem bestimmten Ort aufzuhalten, oder ohne ein solches Verbot;

h) Dienstentlassung, verbunden mit dem Verbot, ein bestimmtes Amt zu bekleiden, oder ohne ein solches Verbot;

i) Verbot, eine bestimmte Tätigkeit oder ein bestimmtes Gewerbe auszuüben;

k) öffentlicher Tadel;

l) völlige oder teilweise Vermögenskonfiskation;

m) Geldstrafe;

n) Auferlegung der Verpflichtung, den angerichteten Schaden wiedergutzumachen.

o) Verwarnung.

§ 21. Im Kampf gegen Verbrechen schwerster Art, die die Grundlagen des Sowjetregimes und der Sowjetverfassung bedrohen, wird bis zu einer anderweitigen Regelung durch das Zentralexekutivkomitee der U.d.S.S.R. in den Fällen, die einzelne Paragraphen dieses Gesetzbuchs ausdrücklich vorsehen, als außerordentliche Maßnahme zum Schutz des Staates der Werktätigen Erschießen angewandt.

§ 22. Personen, die im Zeitpunkt der Begehung des Verbrechens das achtzehnte Lebensjahr noch nicht erreicht haben, und Frauen, die sich im Zustand der Schwangerschaft befinden, können nicht zum Erschießen verurteilt werden.

§ 23. Die Erklärung zum Feind der Werktätigen mit den daraus entspringenden Folgen, Freiheitsentziehung mit strenger Isolierung[1]), Freiheitsentziehung ohne strenge Isolierung[1]) und Zwangsarbeit ohne Freiheitsentziehung gelten als die Hauptmaßnahmen des sozialen Schutzes

---

Hinweise — vgl. die Aufzählung der einschlägigen Stellen im Nachtrag I (S. 68) — hier fortgelassen. Eine offizielle Bekanntmachung des bereinigten Gesetzestextes ist allerdings bisher noch nicht erfolgt.

[1]) Hier sind jetzt die in der Neufassung des § 20 Ziff. b) und c) bezeichneten Formen der Freiheitsentziehung einzusetzen (vgl. S. 13 Note 1). Eine entsprechende redaktionelle Änderung durch den Gesetzgeber ist bisher nicht erfolgt.

gerichtlich-bessernder Art, die auf Personen angewandt werden, die ein Verbrechen begangen haben.

Die übrigen in § 20 aufgeführten Maßnahmen des sozialen Schutzes — mit Ausnahme der Verwarnung und der Vermögenskonfiskation — können sowohl als selbständige Maßnahmen des sozialen Schutzes als auch als Ergänzung zu den Hauptmaßnahmen angeordnet werden. Die Vermögenskonfiskation kann das Gericht als ergänzende Maßnahme des sozialen Schutzes nur dann anordnen, wenn dieses Gesetzbuch es ausdrücklich vorsieht.

§ 24. Maßnahmen des sozialen Schutzes medizinischer Art sind:

a) Zwangsheilung;

b) Unterbringung in einer Heilanstalt, verbunden mit Isolierung.

§ 25. Maßnahmen des sozialen Schutzes medizinisch-pädagogischer Art sind:

a) Überweisung von Minderjährigen unter die Obhut der Eltern, Adoptiveltern, Vormünder, Pfleger oder Verwandten, sofern diese in der Lage sind, sie zu unterhalten, oder unter die Obhut anderer Personen oder Behörden.

b) Unterbringung in einer besonderen heilpädagogischen Anstalt.

§ 26. Maßnahmen des sozialen Schutzes medizinisch-pädagogischer und medizinischer Art kann das Gericht auch dann anwenden, wenn es die Überzeugung gewinnt, daß die Anwendung von Maßnahmen des sozialen Schutzes gerichtlich-bessernder Art dem gegebenen Fall nicht entsprechen würde. Maßnahmen des sozialen Schutzes medizinisch-pädagogischer und medizinischer Art können ferner auch als Ergänzung zu Maßnahmen des sozialen Schutzes gerichtlich-bessernder Art angewandt werden, soweit sie nicht bereits vor der Gerichtsverhandlung von hierfür zuständigen Organen angeordnet worden sind.

§ 27. Die Erklärung zum Feind der Werktätigen und die Ausweisung aus dem Gebiet der U.d.S.S.R., verbunden mit Aberkennung der Staatsangehörigkeit der Unionsrepublik und damit der Staatsangehörigkeit der U.d.S.S.R. kann nur fristlos angeordnet werden.

§ 28[1]). Freiheitsentziehung wird auf die Dauer von einem Jahr bis zu zehn Jahren verhängt.

Freiheitsentziehung bis zu drei Jahren wird in den allgemeinen Gefängnissen verbüßt. Freiheitsentziehung von drei und mehr als drei Jahren wird in den Besserungsarbeitslagern verbüßt.

---

[1]) Nov. v. 20. 5. 1930 (GS. 1930 Nr. 26 Art. 344). Die ursprüngliche Fassung des Absatzes 1 lautete:

Freiheitsentziehung wird auf die Dauer von mindestens einem Tag und höchstens zehn Jahren verhängt und ist notwendig mit Arbeit verbunden.

Schon durch Beschluß des Rats der Volkskommissare der R.S.F.S.R. vom 26. 3. 1928 und Plenarbeschluß des Obersten Gerichtshofs der R.S.F.S.R. vom 23. 7. 1929 war angeordnet worden, daß an die Stelle einer

Ausnahmsweise kann das Gericht, wenn es der Überzeugung ist, daß der zu Freiheitsentziehung von drei und mehr als drei Jahren Verurteilte zur Leistung körperlicher Arbeit offensichtlich untauglich ist, oder nach dem Grad seiner sozialen Gefährlichkeit der Überweisung in ein Besserungsarbeitslager nicht bedarf, an Stelle der Überweisung in ein Besserungsarbeitslager die Überweisung in ein allgemeines Gefängnis anordnen. Im Urteil ist hierüber ausdrücklich zu befinden.

Anmerkung 1: Sind aktive Gemeine und niedere Vorgesetzte mit einfacher Dienstzeit, die den Truppenkörpern der Roten Armee der Arbeiter und Bauern angehören und in der Roten Armee der Arbeiter und Bauern in ununterbrochenem Dienst stehen, in Friedenszeiten wegen militärischer oder gemeiner Verbrechen zu Freiheitsentziehung von zwei Monaten bis zu einem Jahr ohne Aberkennung der Rechte verurteilt worden, so verbüßen sie die ihnen vom Gericht auferlegte Maßnahme des sozialen Schutzes in militärischen Strafkommandos. Freiheitsentziehung unter zwei Monaten wird nach den Bestimmungen über Disziplinararreste für Militärpersonen verbüßt.

Anmerkung 2: Sobald die Rote Armee der Arbeiter und Bauern in den Kriegszustand versetzt ist, werden die Militärpersonen, die sich in militärischen Strafkommandos befinden, der aktiven Armee überwiesen. Die weitere Verbüßung der ihnen auferlegten Maßnahme des sozialen Schutzes wird bis zur Beendigung der Feindseligkeiten aufgeschoben.

Die Vollstreckung eines Urteils, durch das eine Militärperson während des Krieges zu Freiheitsentziehung ohne Aberkennung der Rechte verurteilt wird, kann durch Beschluß des Gerichts, das es gefällt hat, bis zur Beendigung der Feindseligkeiten ausgesetzt werden. Der Verurteilte wird in diesem Fall der aktiven Armee überwiesen.

Haben sich die im ersten und zweiten Absatz dieser Anmerkung bezeichneten Militärpersonen während ihrer Zugehörigkeit zur aktiven Armee als standhafte Verteidiger der Union der S.S.R. erwiesen, so kann auf ein Gesuch der zuständigen vorgesetzten Militärbehörde das Gericht, das das Urteil gefällt hat, ihre Befreiung von der vorher verhängten Maßnahme des sozialen Schutzes oder deren Ersetzung durch eine mildere Maßnahme des sozialen Schutzes beschließen.

§ 29. Die Zeit der Untersuchungshaft sowie die vom Zeitpunkt der Urteilsfällung bis zum Rechtskräftigwerden des Urteils in Haft zu-

---

an sich verwirkten Freiheitsentziehung bis zu einem Jahr grundsätzlich Zwangsarbeit treten solle. Da die Novelle eine dem neuen Absatz 1 entsprechende Änderung des Besonderen Teils nicht enthält, verbleibt es bei der durch diese Beschlüsse geschaffenen Rechtslage mit der Maßgabe, daß Freiheitsentziehung unter einem Jahr auch in Ausnahmefällen nicht mehr verhängt werden darf.

gebrachte Zeit werden unbedingt auf die Dauer der vom Gericht verhängten Freiheitsentziehung angerechnet.

Wenn das Gericht andere Maßnahmen des sozialen Schutzes gerichtlich-bessernder Art als Freiheitsentziehung festsetzt, so kann es mit Rücksicht auf die der Gerichtsverhandlung vorausgegangene Untersuchungshaft die von ihm gewählte Maßnahme des sozialen Schutzes entsprechend mildern oder bestimmen, daß von einem Vollzug der im Urteil festgesetzten Maßnahme des sozialen Schutzes ganz abzusehen ist.

Bei Verurteilung zu Zwangsarbeit erfolgt die Anrechnung in der Weise, daß drei Tage Zwangsarbeit einem Tage Freiheitsentziehung gleichgestellt werden.

§ 30. Zwangsarbeit ohne Freiheitsentziehung wird auf die Dauer von einem Tag bis zu einem Jahr verhängt.

Anmerkung: Sind Militärpersonen der in Anmerkung 1 zu § 28 bezeichneten Art im Frieden oder während des Krieges zu Zwangsarbeit ohne Freiheitsentziehung verurteilt worden, so wird diese Maßnahme in Freiheitsentziehung für eine Zeit umgewandelt, die ein Sechstel der für die Zwangsarbeit festgesetzten Dauer beträgt. Die Freiheitsentziehung wird nach den für militärische Disziplinararreste geltenden Bestimmungen verbüßt.

§ 31. Die Aberkennung der politischen und einzelner bürgerlichen Rechte besteht in der Entziehung:

a) des aktiven und passiven Wahlrechts;

b) des Rechtes, Wahlämter in öffentlichen Organisationen zu bekleiden;

c) des Rechtes, bestimmte staatliche Ämter zu bekleiden;

d) des Rechts, Ehrentitel zu führen;

e) der Elternrechte;

f) des Rechts auf Pensionen, die im Wege sozialer oder staatlicher Wohlfahrtspflege gewährt werden, und auf Arbeitslosenunterstützung, die im Wege der Sozialversicherung gewährt wird.

Die Aberkennung der Rechte kann sich sowohl auf die Gesamtheit der im Vorstehenden aufgezählten Rechte als auch nur auf einzelne Kategorien erstrecken.

Auf Entziehung der Elternrechte darf das Gericht nur dann erkennen, wenn der Verurteilte sie nachweislich mißbraucht hat.

Auf Entziehung des Rechts auf Pension und Arbeitslosenunterstützung darf das Gericht nur dann erkennen, wenn es a) wegen eines Verbrechens gegen den Staat (Kapitel 1 des Besonderen Teils) verurteilt; b) wegen eines Verbrechens aus Gewinnsucht zu Freiheitsentziehung oder zu Ausweisung, verbunden mit Zwangsansiedlung an einem anderen Ort (als Hauptmaßnahme des sozialen Schutzes) verurteilt; c) völlige Vermögenskonfiskation als ergänzende Maßnahme des sozialen Schutzes verhängt.

§ 32. Die Aberkennung der Rechte kann nicht für eine längere Zeit als fünf Jahre ausgesprochen werden.

In den Fällen, in denen die Aberkennung der Rechte als Ergänzungsmaßnahme zur Freiheitsentziehung angeordnet ist, erstreckt sie sich auf die ganze Zeit der Haftverbüßung und darüber hinaus auf die im Urteil festgesetzte Frist.

§ 33. Die Aberkennung der in § 31 Ziff. a—c bezeichneten Rechte hat die Entziehung des Arbeitsordens und des Ordens des Roten Banners zur Folge. In diesen Fällen hat das Gericht ein entsprechendes Ersuchen an das Präsidium des Zentralexekutivkomitees der U.d.S.S.R. bzw. des Allrussischen Zentralexekutivkomitees zu richten.

Die Entziehung der übrigen Auszeichnungen und Ehrenzeichen erfolgt durch Gerichtsurteil.

§ 34. Die Aberkennung der Rechte kann sowohl als ergänzende als auch als selbständige Maßnahme des sozialen Schutzes ausgesprochen werden.

Das Gericht hat die Frage der Aberkennung der Rechte des Verurteilten aufzuwerfen, wenn es ihn zu Freiheitsentziehung von mehr als einem Jahr verurteilt.

Mit einer bedingten Verurteilung oder öffentlichem Tadel kann die Aberkennung der Rechte nicht verbunden werden.

§ 35. Ausweisung aus dem Gebiet der R.S.F.S.R. oder Ausweisung aus einem bestimmten Ort, verbunden mit Zwangsansiedlung oder mit dem Verbot, sich an einem anderen Ort aufzuhalten, oder ohne derartige Beschränkungen, in Verbindung mit Zwangsarbeit oder ohne solche kann das Gericht bezüglich solcher Personen anordnen, deren Verbleib an dem betreffenden Ort es als gemeingefährlich erachtet.

Ausweisung aus dem Gebiet der R.S.F.S.R. oder Ausweisung aus einem bestimmten Ort, verbunden mit Zwangsansiedlung an einem anderen Ort, wird auf die Dauer von drei bis zehn Jahren angeordnet; als ergänzende Maßnahme nur auf die Dauer bis zu fünf Jahren. Ausweisung aus dem Gebiet der R.S.F.S.R. oder Ausweisung aus einem bestimmten Ort, verbunden mit Zwangsansiedlung an einem anderen Ort, darf in Verbindung mit Zwangsarbeit nur als Hauptmaßnahme des sozialen Schutzes angeordnet werden. Ausweisung aus dem Gebiet der R.S.F.S.R. oder Ausweisung aus einem bestimmten Ort, verbunden mit dem Verbot, sich an bestimmten Orten aufzuhalten, oder ohne diese Beschränkung wird auf die Dauer von einem bis zu fünf Jahren angeordnet.

Wird eine dieser Maßnahmen als ergänzende Maßnahme zu Freiheitsentziehung verhängt, so beginnt die vom Gericht für diese ergänzende Maßnahme bestimmte Frist mit dem Tage, an dem die Einschließung verbüßt ist.

Diejenigen unter den zu Ausweisung aus einem bestimmten Ort, verbunden mit Zwangsansiedlung an einem anderen Ort Verurteilten, die die Freiheitsentziehung in Besserungsarbeitslagern verbüßen, werden nach Verbüßung der Freiheitsentziehung im Umkreis des Lagers angesiedelt. Während der hierfür bestimmten Frist ist ihnen das Recht zur freien Auswahl des Wohnorts entzogen. Es muß ihnen Land oder bezahlte Arbeit zugewiesen werden.

Ausweisung aus dem Gebiet der R.S.F.S.R. sowie Ausweisung aus einem bestimmten Ort in allen ihren Formen darf gegenüber Personen, die das 16. Lebensjahr noch nicht erreicht haben, nicht angeordnet werden.

§ 36. Ausweisung aus dem Gebiet der U.d.S.S.R. und aus dem Gebiet der R.S.F.S.R. auf Zeit ist nur im Rahmen der von der Unionsgesetzgebung hierfür erlassenen besonderen Bestimmungen zulässig.

Ausweisung aus einem bestimmten Ort, verbunden mit Zwangsansiedlung an einem anderen Ort kann das Gericht nur dann anordnen, wenn der Täter für Verbrechen verantwortlich gemacht wird, die in den §§ 58^{2}—58^{14}, 59^{2} Abs. 1 Ziff. a, 59^{3}, 59^{3a}, $59^{3}59^{7}$, 59^{8} Abs. 1, 59^{9},^{b}, 59^{10}, 59^{12}, 74 Abs. 2, 104, 107, 116 Abs. 2, 117 Abs. 2, 118, 129, 129a, 136, 140 Abs. 2, 142 Abs. 2, 153 Abs. 2, 155, 162 Ziff. b, c, d und e, 164 Abs. 2, 165 Abs. 3, 166, 167, 169 Abs. 2, 173 und 175 Abs. 2 und 3 vorgesehen sind.

Die Orte, die das Gericht für die Zwangsansiedlung bestimmen kann, werden von dem Volkskommissariat des Inneren im Einverständnis mit dem Volkskommissariat der Justiz festgesetzt.

§ 37. Auf Dienstentlassung wird erkannt, wenn das Gericht es für unmöglich erachtet, den Verurteilten in dem Amt zu belassen, das er im Augenblick der Verurteilung oder der Begehung des Verbrechens bekleidet hat. Die Dienstentlassung kann — für die Dauer von höchstens fünf Jahren — mit dem Verbot, ein bestimmtes Amt auszuüben, verbunden werden.

§ 38. Das Verbot, eine bestimmte Tätigkeit oder ein bestimmtes Gewerbe auszuüben, wird von dem Gericht — für die Dauer von höchstens fünf Jahren — dann ausgesprochen, wenn das Gericht angesichts des von ihm festgestellten Mißbrauchs, den der Verurteilte mit der Ausübung seines Berufs oder Gewerbes getrieben hat, es für unmöglich erachtet, dem Verurteilten eine weitere Ausübung zu gestatten.

Im einzelnen kann das Gericht dem Verurteilten verbieten, Bestellungen und Lieferungen für den Staat zu übernehmen, Verträge mit staatlichen oder öffentlichen Unternehmungen und Anstalten einzugehen, im eigenem oder fremden Interesse Handels- und Kommissionsgeschäfte zu betreiben.

§ 39. Öffentlicher Tadel besteht in einer im Namen des Gerichts dem Verurteilten öffentlich ausgesprochenen Mißbilligung.

§ 40. Die Vermögenskonfiskation besteht darin, daß das gesamte Vermögen des Verurteilten oder ein vom Gericht genau zu bestimmender Teil dieses Vermögens, mag es sich um persönliches Eigentum des Verurteilten oder um seinen Anteil am Gemeineigentum handeln, zugunsten des Staates ohne Entschädigung zwangsweise eingezogen wird.

Der Konfiskation unterliegen nicht die für den häuslichen Bedarf des Verurteilten und seiner Familie unentbehrlichen Gegenstände sowie die dem Erwerb des Lebensunterhalts dienenden Werkzeuge der im kleinen betriebenen Heimarbeit, gewerblichen oder landwirtschaftlichen Produktion.

Die dem Verurteilten und seiner Familie belassenen Nahrungsmittel und Geldbeträge dürfen ihrem Gesamtwert nach für jedes Familienmitglied nicht weniger betragen als der durchschnittliche dreimonatliche Verdienst eines Arbeiters in der betreffenden Gegend.

Das für die Berufsarbeit des Verurteilten unentbehrliche Inventar kann nur dann konfisziert werden, wenn das Gericht dem Verurteilten das Recht entzieht, den betreffenden Beruf auszuüben.

§ 41. Bei der Vermögenskonfiskation haftet der Staat nicht für Schulden und Verbindlichkeiten des Verurteilten, die erst, nachdem die Strafverfolgungs- oder Gerichtsbehörden Maßnahmen zum Schutz des Vermögens getroffen haben, und ohne ihr Einverständnis begründet worden sind.

Für die Erfüllung von Ansprüchen, die für Rechnung des konfiszierten Vermögens zu befriedigen sind, haftet der Staat nur mit den Aktiven. Hierbei gelten bezüglich der Reihenfolge der Befriedigung der Ansprüche die in den §§ 99 und 101 des Zivilgesetzbuchs, §§ 266, 266[1] und 266[2] des Zivilprozeßgesetzbuchs der R.S.F.S.R. aufgestellten Regeln.

§ 42. Die Geldstrafe ist die Auferlegung der Verpflichtung, an den Staat eine Geldsumme zu zahlen, deren Höhe das Gericht innerhalb der in den einzelnen Paragraphen dieses Gesetzbuchs bestimmten Grenzen, in den Fällen aber, in denen die Geldstrafe als Ergänzungsmaßnahme angewandt wird, nach freiem Ermessen festsetzt.

In jedem Falle wird die Geldstrafe entsprechend der Vermögenslage des Verurteilten bemessen.

Bei Festsetzung der Geldstrafe kann das Gericht für den Fall ihrer Uneinbringlichkeit Zwangsarbeit ohne Freiheitsentziehung in der Weise verhängen, daß an die Stelle von hundert Rubeln Geldstrafe ein Monat Zwangsarbeit tritt. Die Umwandlung von Geldstrafe in Freiheitsentziehung und von Freiheitsentziehung in Geldstrafe ist unzulässig.

Gegenstände, die der Konfiskation nicht unterliegen, können auch bei der Beitreibung der Geldstrafe nicht beschlagnahmt werden.

§ 43. Die Verwarnung setzt ein freisprechendes Urteil voraus. Das Gericht spricht sie aus, wenn nach seiner Überzeugung das Verhalten des Freigesprochenen doch Grund zur Befürchtung gibt, er werde in Zukunft ein Verbrechen begehen.

§ 44. Die Verpflichtung, den Schaden wieder gutzumachen, wird dem Verurteilten auferlegt, wenn das Gericht es für zweckmäßig erachtet, daß gerade der Verurteilte selbst die Folgen der von ihm verübten Rechtsverletzung oder des dem Verletzten zugefügten Nachteils beseitigt.

Diese Maßnahme des sozialen Schutzes darf jedoch nicht schwerer sein als die im Urteil festgesetzte Hauptmaßnahme.

Fünfter Teil.

Richtlinien für die Anwendung von Maßnahmen des sozialen Schutzes gerichtlich-bessernder Art.

§ 45. Bei der Festsetzung einer Maßnahme des sozialen Schutzes gerichtlich-bessernder Art richtet sich das Gericht nach:

a) den Anweisungen des Allgemeinen Teils dieses Gesetzbuchs;

b) den Grenzen, die in dem Paragraphen des Besonderen Teils, der ein Verbrechen der fraglichen Art vorsieht, gezogen sind;

c) seinem sozialistischen Rechtsbewußtsein; es berücksichtigt hierbei die Gemeingefährlichkeit des begangenen Verbrechens, die Umstände der Tat und die Persönlichkeit des Täters.

§ 46. Die in diesem Gesetzbuch vorgesehenen Verbrechen werden eingeteilt in:

a) solche, die gegen die Grundlagen der durch die Macht der Arbeiter und Bauern in der Union der S.S.R. errichteten Sowjetverfassung gerichtet und daher als die gefährlichsten anzusehen sind;

b) alle übrigen Verbrechen.

Für die Verbrechen der ersten Kategorie setzt das Gesetzbuch eine Grenze fest, die das Gericht bei Bestimmung einer Maßnahme des sozialen Schutzes gerichtlich-bessernder Art nach unten nicht überschreiten darf.

Für alle übrigen Verbrechen bestimmt das Gesetzbuch lediglich das für das Gericht verbindliche Höchstmaß.

§ 47. Die grundlegende Frage, die in jedem Einzelfall zu entscheiden ist, ist die Frage nach der Gemeingefährlichkeit des zu beurteilenden Verbrechens.

Als in dieser Beziehung erschwerende Umstände gelten bei der Bemessung einer im Gesetzbuch vorgesehenen Maßnahme des sozialen Schutzes:

a) die Begehung eines Verbrechens mit dem Ziel, die Macht der Bourgeoisie wiederherzustellen;

b) die Möglichkeit, daß durch die Begehung des Verbrechens den Interessen des Staates oder der Werktätigen ein Schaden zugefügt wird, mag auch das Verbrechen nicht unmittelbar gegen die Interessen des Staates oder der Werktätigen gerichtet sein;

c) die Begehung eines Verbrechens durch eine Gruppe oder eine Bande;

c[1]) die Begehung eines Verbrechens durch eine Person, die schon früher ein Verbrechen begangen hat, angenommen die Fälle, in denen die betreffende Person als nicht vorbestraft gilt (§ 55) oder seit dem Tage der Begehung des ersten Verbrechens oder der Fällung des hierüber ergangenen Urteils die Verjährungsfristen abgelaufen sind (§§ 14 und 15). Das Gericht ist jedoch befugt, mit Rücksicht auf den Charakter des ersten Verbrechens diesem eine erschwerende Bedeutung nicht beizumessen.

e) die Begehung eines Verbrechens mit besonderer Grausamkeit, Gewalt oder List oder gegen Personen, die dem Täter untergeben sind, unter seiner Obhut stehen, oder infolge ihres Alters oder andrer Umstände besonders hilflos sind.

§ 48. Als mildernder Umstand bei der Bemessung einer Maßnahme des sozialen Schutzes gilt es, wenn das Verbrechen begangen worden ist:

a) zwar in Überschreitung der Grenzen der Notwehr, jedoch zum Schutz gegen Angriffe auf das Sowjetregime, die revolutionäre Rechtsordnung oder die Person und Rechte des sich Verteidigenden oder eines Dritten;

b) zum ersten Mal;

c) weder aus Eigennutz noch aus anderen niedrigen Beweggründen;

d) unter dem Einfluß einer Drohung, eines Zwanges, eines dienstlichen oder wirtschaftlichen Abhängigkeitsverhältnisses;

e) unter der Einwirkung einer starken seelischen Erregung;

f) im Zustande des Hungers, der Not oder unter dem Eindruck schwieriger persönlicher oder Familien-Verhältnisse;

g) aus Unwissenheit, mangelnder Einsicht oder infolge eines zufälligen Zusammentreffens der Ereignisse;

h) von einer Person, die die Volljährigkeit noch nicht erreicht hat, oder einer Frau, die sich im Zustande der Schwangerschaft befindet.

§ 49. Wenn die Handlung des Angeklagten die Merkmale mehrerer Verbrechen aufweist, sowie wenn der Angeklagte mehrere Verbrechen begangen hat, über die noch kein Urteil ergangen ist, bestimmt das Gericht, nachdem es für jedes Verbrechen eine angemessene Maßnahme des sozialen Schutzes gesondert ausgeworfen hat, die endgültige Maßnahme des sozialen Schutzes gemäß dem Paragraphen, der das schwerste der begangenen Verbrechen und die schwerste Maßnahme des sozialen Schutzes vorsieht.

§ 50. Bei Verhängung von Freiheitsentziehung oder Zwangsarbeit gegen einen Minderjährigen (im Alter von sechzehn bis zu achtzehn Jahren) muß die Dauer dieser Maßnahmen um ein Drittel der Frist verkürzt werden, die das Gericht festgesetzt haben würde, wenn ein Volljähriger das Verbrechen begangen hätte. In keinem Fall darf die Dauer der Maßnahme des sozialen Schutzes die Hälfte der Höchstdauer überschreiten, die dieses Gesetzbuch für das betreffende Verbrechen vorsieht.

§ 51. Ist das Gericht bei einer außergewöhnlichen Sachlage von der Notwendigkeit überzeugt, bei Bemessung der Maßnahmen des sozialen Schutzes unter das Mindestmaß hinabzugehen, das für ein Verbrechen der fraglichen Art in diesem Gesetzbuch festgesetzt ist, oder eine mildere Maßnahme des sozialen Schutzes anzuwenden als die,

die der betreffende Paragraph vorsieht, so kann es eine solche Abweichung vornehmen. Es ist jedoch gehalten, die Beweggründe, die es zu dieser Abweichung veranlaßt haben, im Urteil genau anzugeben.

Das gleiche gilt auch in den Fällen, in denen das Gericht der Überzeugung ist, daß der Angeklagte im Zeitpunkt der Untersuchung des Falles nicht als gemeingefährlich anzusehen ist, und Maßnahmen des sozialen Schutzes auf ihn überhaupt nicht anwendet.

§ 52. Das Recht zur völligen oder teilweisen Befreiung des Verurteilten von der Anwendung der Maßnahmen des sozialen Schutzes steht über die in diesem Gesetzbuch vorgesehenen Fälle hinaus bezüglich der Urteile aller gerichtlichen Organe der R.S.F.S.R. ausschließlich dem Präsidium des Allrussischen Zentralexekutivkomitees zu.

Sechster Teil.

Bedingte Verurteilung und vorläufige Entlassung.

§ 53. Wenn das Gericht zu der Überzeugung gelangt, daß der Grad der Gefährlichkeit des Täters nicht dazu zwingt, ihn zu isolieren oder Zwangsarbeit ausführen zu lassen, so kann es seine bedingte Verurteilung aussprechen.

In diesen Fällen ordnet das Gericht an, daß das Urteil nicht zu vollstrecken ist, wenn während einer von ihm festgesetzten Frist der Verurteilte ein neues nicht weniger schweres Verbrechen nicht begeht. Die Frist darf nicht weniger als ein Jahr und nicht mehr als zehn Jahre betragen.

Anmerkung: Die mit der Freiheitsentziehung oder Zwangsarbeit als Ergänzungsmaßnahme des sozialen Schutzes verbundene Geld- oder Vermögensstrafe wird nach den allgemeinen Grundsätzen ohne Rücksicht darauf vollstreckt, daß die Hauptmaßnahme bedingt bestimmt worden ist.

§ 54. Begeht der bedingt Verurteilte während der Bewährungsfrist ein neues Verbrechen, so kann das Gericht entweder die bedingt bestimmte Maßnahme des sozialen Schutzes ganz oder teilweise zu der in der neuen Sache bestimmten Maßnahme hinzufügen, oder gegenüber dem Verurteilten nur die in dem zweiten Urteil bestimmte Maßnahme des sozialen Schutzes zur Anwendung bringen. Im ersteren Falle darf die Gesamtdauer der Freiheitsentziehung zehn Jahre, die der Zwangsarbeit ein Jahr nicht übersteigen.

§ 55. Als nicht vorbestraft gelten:

a) Personen, die das Gericht freigesprochen hat;

b) Personen, die zwar bedingt verurteilt worden sind, jedoch während der vom Gericht festgesetzten Bewährungsfrist ein neues nicht weniger schweres Verbrechen nicht begangen haben.

c) Personen, die zur Freiheitsentziehung bis zu sechs Monaten oder zu irgendeiner anderen milderen Maßnahme des sozialen Schutzes verurteilt worden sind, jedoch während dreier Jahre seit der Verbüßung der ihnen auferlegten Maßnahme des sozialen Schutzes ein neues nicht weniger schweres Verbrechen nicht begangen haben. Das gleiche gilt für Personen, die zu Freiheitsentziehung von sechs Monaten bis zu drei Jahren verurteilt worden sind und im Verlauf von sechs Jahren ein neues nicht weniger schweres Verbrechen nicht begangen haben.

§ 56. Personen, die zu befristeten Maßnahmen des sozialen Schutzes verurteilt sind und eine Besserung zeigen, können aus der weiteren Verbüßung der im Urteil bestimmten Maßnahmen des sozialen Schutzes vorläufig entlassen werden.

Die vorläufige Entlassung besteht entweder in der Befreiung von der weiteren Verbüßung der im Urteil bestimmten Maßnahme des sozialen Schutzes oder in deren Umwandlung in eine mildere Maßnahme. Ihre Anwendung regelt sich im einzelnen nach den Bestimmungen des Besserungsarbeitsgesetzes der R.S.F.S.R.

Bezüglich der Verurteilten, die die Freiheitsentziehung in Besserungsarbeitslagern verbüßen, findet eine vorläufige Entlassung in der Form statt, daß sie während der nicht verbüßten Frist im Umkreis des betreffenden Lagers angesiedelt werden.

Begeht der vorläufig Entlassene während der nicht verbüßten Frist ein neues nicht weniger schweres Verbrechen, so wird der nicht verbüßte Rest mit der Maßnahme des sozialen Schutzes verbunden, die das Gericht für das neue Verbrechen bestimmt. Jedoch darf die Gesamtdauer der Freiheitsentziehung zehn Jahre, die der Zwangsarbeit ein Jahr nicht übersteigen.

§ 57. Minderjähriqge, die zu Freiheitsentziehung verurteilt und in Arbeitshäusern für Minderjährige untergebracht sind, verbleiben dort bis zu ihrer Besserung, jedoch nicht über das vollendete achtzehnte Lebensjahr hinaus. Haben sie bis zur Erreichung dieses Alters die vom Gericht bestimmte Freiheitsentziehung noch nicht vollständig verbüßt, so können sie vorläufig entlassen werden.

Minderjährige, bei denen eine vorläufige Entlassung unangebracht erscheint, verbleiben in den bisherigen Arbeitshäusern, oder werden im Einklang mit den Bestimmungen des Besserungsarbeitsgesetzes der R.S.F.S.R. in andere Arbeitshäuser oder Kolonien überführt.

Besonderer Teil.

Erstes Kapitel.
Verbrechen gegen den Staat.

1. Gegenrevolutionäre Verbrechen.

§ 58[1]. Als gegenrevolutionär gilt jede Handlung, die auf den Sturz, die Unterhöhlung oder die Schwächung der Herrschaft der Räte der Arbeiter und Bauern und der von ihnen auf Grund der Verfassung der U.d.S.S.R. und der Verfassungen der Unionsrepubliken gewählten Regierungen der Arbeiter und Bauern der U.d.S.S.R., der Unionsrepubliken und autonomen Republiken, oder auf die Unterhöhlung oder die Schwächung der äußeren Sicherheit der U.d.S.S.R. und der grundlegenden wirtschaftlichen, politischen und nationalen Errungenschaften der proletarischen Revolution gerichtet ist.

Kraft der internationalen Solidarität der Interessen aller Werktätigen gelten Handlungen gleicher Art als gegenrevolutionär auch dann, wenn sie gegen einen anderen — der U.d.S.S.R. nicht angehörenden — Staat der Werktätigen gerichtet sind.

§ 58[2]. Der bewaffnete Aufstand oder das Eindringen von bewaffneten Banden in das Sowjetgebiet in gegenrevolutionärer Absicht, die Ergreifung der zentralen oder örtlichen Gewalt in der gleichen und insbesondere der Absicht, von der U.d.S.S.R. und der einzelnen Unionsrepublik irgendeinen ihrer Gebietsteile gewaltsam abzutrennen, oder die von der U.d.S.S.R. mit ausländischen Staaten abgeschlossenen Verträge aufzuheben, ziehen die schwerste Maßnahme des sozialen Schutzes nach sich — Erschießung oder Erklärung zum Feind der Werktätigen, verbunden mit Vermögenskonfiskation, Aberkennung der Staatsangehörigkeit der Unionsrepublik und damit der Staatsangehörigkeit der U.d.S.S.R., und dauernder Ausweisung aus dem Gebiet der U.d.S.S.R.; bei Vorliegen mildernder Umstände ist Herabsetzung bis zu Freiheitsentziehung nicht unter drei Jahren, verbunden mit völliger oder teilweiser Vermögenskonfiskation, zulässig.

§ 58[3]. Das Unterhalten von Beziehungen zu einem ausländischen Staat oder zu einzelnen Vertretern desselben in gegenrevolutionärer Absicht oder das Leisten von Vorschub jeder Art zugunsten eines ausländischen Staates, der sich mit der U.d.S.S.R. im Zustand des Krieges, der bewaffneten Intervention oder der Blockade befindet, ziehen die in § 58[2] dieses Gesetzbuchs bezeichneten Maßnahmen des sozialen Schutzes nach sich.

§ 58^4. Jegliche Art der Unterstützung des Teiles der internationalen Bourgeoisie, der die Gleichberechtigung des das kapitalistische System ablösenden kommunistischen Systems nicht anerkennt und seinen Sturz erstrebt, oder der sozialen Gruppen und Organisationen, die unter dem Einfluß dieser Bourgeoisie stehen oder unmittelbar von ihr organisiert sind, bei Ausübung der der U.d.S.S.R. feindlichen Tätigkeit, zieht Freiheitsentziehung nicht unter drei Jahren, verbunden mit völliger oder teilweiser Vermögenskonfiskation nach sich. Bei Vorliegen besonders erschwerender Umstände tritt Erhöhung bis zur schwersten Maßnahme des sozialen Schutzes ein: Erschießung oder Erklärung zum Feind der Werktätigen, verbunden mit Aberkennung der Staatsangehörigkeit der Unionsrepublik und damit der Staatsangehörigkeit der U.d.S.S.R., dauernder Ausweisung aus dem Gebiet der U.d.S.S.R. und Vermögenskonfiskation.

§ 58^5. Das Einwirken auf einen fremden Staat oder irgendwelche in ihm bestehende sozialen Gruppen im Wege der Konspiration mit ihren Vertretern oder durch Anwendung falscher Urkunden oder sonstiger Mittel mit dem Ziele der Herbeiführung einer Kriegserklärung, einer bewaffneten Einmischung in die Angelegenheiten der U.d.S.S.R. oder sonstiger unfreundlicher Akte, insbesondere Blockade, Beschlagnahme von Staatseigentum der U.d.S.S.R. oder der Unionsrepubliken, Abbruch der diplomatischen Beziehungen, Bruch der mit der U.d.S.S.R. geschlossenen Verträge, ziehen die in § 58^2 dieses Gesetzbuchs bezeichneten Maßnahmen des sozialen Schutzes nach sich.

§ 58^6. Die Spionage, d. h. die Weitergabe, Entwendung oder zwecks Weitergabe vorgenommene Sammlung von Nachrichtenmaterial, das sich seinem Inhalt nach als ein besonders schutzwürdiges Staatsgeheimnis darstellt, zugunsten ausländischer Staaten, gegenrevolutionärer Organisationen oder Privatpersonen, zieht nach sich: Freiheitsentziehung nicht unter drei Jahren, verbunden mit völliger oder teilweiser Vermögenskonfiskation; in den Fällen jedoch, in denen die Spionage besonders schwere Nachteile für die Interessen der U.d.S.S.R. herbeigeführt hat oder hätte herbeiführen können: die schwerste Maßnahme des sozialen Schutzes — Erschießung oder Erklärung zum Feind der Werktätigen, verbunden mit der Aberkennung der Staatsangehörigkeit der Unionsrepublik und damit der Staatsangehörigkeit der U.d.S.S.R., dauernder Ausweisung aus dem Gebiet der U.d.S.S.R. und Vermögenskonfiskation.

Die Weitergabe, Entwendung oder zwecks Weitergabe vorgenommene Sammlung von wirtschaftlichem Nachrichtenmaterial, das sich seinem Inhalt nach als ein besonders schutzwürdiges Staatsgeheimnis nicht darstellt, aber gemäß einem ausdrücklichen gesetzlichen Verbot oder der Verfügung des Leiters einer Behörde, Anstalt oder Unternehmung der Bekanntgabe entzogen ist, zugunsten der oben bezeichneten Organisationen und Personen, sei es entgeltlich, sei es unentgeltlich, ziehen Freiheitsentziehung bis zu drei Jahren nach sich.

Anmerkung 1. Als besonders schutzwürdiges Staatsgeheimnis gilt Nachrichtenmaterial, das in einem besonderen, vom Rat der Volkskommissare der U.d.S.S.R. im Einvernehmen mit den Räten der Volkskommissare der Unionsrepubliken bestätigten und zur allgemeinen Kenntnis gebrachten Verzeichnis aufgeführt ist.

Anmerkung 2. Soweit die Spionage von einer der in § 193^{1} dieses Gesetzbuchs bezeichneten Personen begangen wird, verbleibt es bei der Bestimmung des § 193^{24} desselben Gesetzbuchs.

§ 58^{7}. Die Schädigung der staatlichen Industrie, des staatlichen Transportwesens, Handels, Geldverkehrs oder Kreditsystems sowie des Genossenschaftswesens, begangen in gegenrevolutionärer Absicht durch mißbräuchliche Benutzung staatlicher Einrichtungen oder Unternehmungen oder durch Beeinträchtigung ihrer normalen Tätigkeit, sowie die mißbräuchliche Benutzung staatlicher Einrichtungen oder Unternehmungen oder die Beeinträchtigung ihrer Tätigkeit, begangen im Interesse der ehemaligen Eigentümer oder interessierter kapitalistischer Organisationen, ziehen die in § 58^{2} dieses Gesetzbuchs bezeichneten Maßnahmen des sozialen Schutzes nach sich.

§ 58^{8}. Die Begehung terroristischer Handlungen gegen Vertreter der Sowjetmacht oder Leiter revolutionärer Organisationen der Arbeiter und Bauern sowie die Teilnahme auch einer gegenrevolutionären Organisation nicht angehöriger Personen an der Ausführung solcher Handlungen ziehen die in § 58^{2} dieses Gesetzbuchs bezeichneten Maßnahmen des sozialen Schutzes nach sich.

§ 58^{9}. Die in gegenrevolutionärer Absicht mittels Sprengung, Brandstiftung oder auf andere Weise begangene Zerstörung oder Beschädigung von Eisenbahnen oder sonstigen Verkehrswegen und -mitteln, nationalen Verbindungsmitteln, Wasserleitungen, öffentlichen Speichern oder sonstigen zum staatlichen oder öffentlichen Vermögen gehörigen Anlagen zieht die in § 58^{2} dieses Gesetzbuchs bezeichneten Maßnahmen des sozialen Schutzes nach sich.

§ 58^{10}. Propaganda und Agitation, die zu Sturz, Unterhöhlung oder Schwächung der Sowjetherrschaft oder zu Begehung einzelner gegenrevolutionären Verbrechen (§§ 58^{2}—58^{9} dieses Gesetzbuchs) auffordern, sowie die Verbreitung, Herstellung oder Aufbewahrung von Schriften gleichen Inhalts ziehen Freiheitsentziehung nicht unter sechs Monaten nach sich.

Werden die gleichen Handlungen bei Massenaufruhr, unter Ausnutzung religiöser oder nationaler Vorurteile der Massen, während des Krieges oder an Orten, über die der Kriegszustand verhängt ist, begangen, so ziehen sie die in § 58^{2} dieses Gesetzbuchs bezeichneten Maßnahmen des sozialen Schutzes nach sich.

§ 58^{11}. Auf die Vorbereitung oder Begehung der in diesem Kapitel vorgesehenen Verbrechen gerichtete organisatorische Tätigkeit jeglicher Art sowie die Teilnahme an einer Organisation, die zur Vorbereitung oder Begehung eines in diesem Kapitel vorgesehenen Verbrechens gebildet worden ist, ziehen die in den entsprechenden Paragraphen dieses Kapitels genannten Maßnahmen des sozialen Schutzes nach sich.

§ 58^{12}. Die Nichtanzeige eines in Vorbereitung befindlichen oder vollendeten gegenrevolutionären Verbrechens, von dem man auf glaubwürdige Weise Kenntnis erlangt hat, zieht Freiheitsentziehung nicht unter sechs Monaten nach sich.

§ 58^{13}. Aktive Handlungen und aktiver Kampf gegen die Arbeiterklasse und die revolutionäre Bewegung, ausgeführt auf verantwortlichem Posten oder im Geheimdienst (Agentur) während des zaristischen Regimes oder bei gegenrevolutionären Regierungen während des Bürgerkrieges ziehen die in § 58^{2} dieses Gesetzbuchs bezeichneten Maßnahmen des sozialen Schutzes nach sich.

§ 58^{14}. Gegenrevolutionäre Sabotage, d. h. die bewußte Nichterfüllung bestimmter Verpflichtungen oder deren vorsätzlich unzulängliche Erfüllung in der Absicht, die Macht der Regierung und das Funktionieren des Staatsapparates zu erschüttern, zieht nach sich: Freiheitsentziehung nicht unter einem Jahr, verbunden mit völliger oder teilweiser Vermögenskonfiskation, bei besonders erschwerenden Umständen Erhöhung bis zur schwersten Maßnahme des sozialen Schutzes — Erschießung, verbunden mit Vermögenskonfiskation.

2. Für die U.d.S.S.R. besonders gefährliche Verbrechen gegen die Verwaltungsordnung.

§ 59^{1}. Als Verbrechen gegen die Verwaltungsordnung gilt jede Handlung, die zwar nicht unmittelbar auf den Sturz der Sowjetherrschaft und der Regierung der Arbeiter und Bauern gerichtet ist, jedoch zur Störung des ordnungsgemäßen Funktionierens der Staatsorgane oder der Volkswirtschaft führt und mit Widerstand gegen die Staatsorgane und Behinderung ihrer Tätigkeit, Ungehorsam gegen die Gesetze oder sonstigen Handlungen verbunden ist, die eine Schwächung der Kraft und der Autorität der Staatsgewalt hervorrufen.

Als für die U.d.S.S.R. besonders gefährlich gelten die ohne gegenrevolutionäre Absicht begangenen Verbrechen gegen die Verwaltungsordnung, die die Grundlagen der Staatsverwaltung und der wirtschaftlichen Macht der U.d.S.S.R. und der Unionsrepubliken erschüttern.

§ 59^{2}. Massenunruhen, verbunden mit Pogromen, Zerstörung von Eisenbahnen oder sonstigen Verkehrs- und Verbindungsmitteln, Totschlag, Brandstiftung oder anderen gleichartigen Handlungen, ziehen nach sich:

a) für die Veranstalter und Führer der Massenunruhen sowie alle Beteiligten, die die oben bezeichneten Verbrechen begangen oder bewaffneten Widerstand gegen die Staatsgewalt geleistet haben: Freiheitsentziehung nicht unter zwei Jahren, verbunden mit völliger oder teilweiser

Vermögenskonfiskation; bei Vorliegen besonders erschwerender Umstände: Erhöhung bis zur schwersten Maßnahme des sozialen Schutzes — Erschießung, verbunden mit Vermögenskonfiskation;

b) für die übrigen Beteiligten: Freiheitsentziehung bis zu drei Jahren.

Massenunruhen, die die oben bezeichneten Verbrechen nicht im Gefolge haben, aber mit offensichtlichem Ungehorsam gegen die gesetzmäßigen Befehle der Staatsorgane oder mit Widerstand gegen die Ausübung der diesen obliegenden Amtspflicht oder mit deren Nötigung zur Vornahme offensichtlich gesetzwidriger Handlungen verbunden sind, ziehen Freiheitsentziehung bis zu einem Jahr nach sich.

§ 59[3]. Bandentum, d. h. die Organisation von bewaffneten Banden und die Teilnahme an ihnen und den von ihnen veranstalteten Ausschreitungen — Überfällen auf Sowjetbehörden, Privatanstalten oder einzelne Bürger, Anhalten von Eisenbahnzügen, Zerstörung von Eisenbahnen und sonstigen Verkehrs- und Verbindungsmitteln — zieht nach sich: Freiheitsentziehung nicht unter drei Jahren, verbunden mit völliger oder teilweiser Vermögenskonfiskation. Bei Vorliegen besonders erschwerender Umstände tritt Erhöhung bis zur schwersten Maßnahme des sozialen Schutzes — Erschießung, verbunden mit Vermögenskonfiskation — ein.

§ 59[3a]. Die heimliche oder offene Entwendung von Schußwaffen, deren Zubehörteilen und Munition

a) aus Depots und Lagerhäusern der Roten Armee der Arbeiter und Bauern, des Verkehrsmittelschutzes des Volkskommissariats für Verkehrsmittel und der militarisierten Schutzmannschaften derjenigen Unternehmungen und Anlagen, an denen ein besonderes staatliches Interesse besteht,

b) an dauernden oder vorübergehenden Standorten von Truppenteilen, Formationen des Verkehrsmittelschutzes des Volkskommissariats für Verkehrsmittel und militarisierten Schutzmannschaften derjenigen Unternehmungen und Anlagen, an denen ein besonderes staatliches Interesse besteht, sofern die Schußwaffen, deren Zubehörteile und die Munition sich in Verwahrung befinden oder einer besonderen Beaufsichtigung unterliegen, zieht Freiheitsentziehung nicht unter einem Jahr nach sich. Wird die Entwendung unter Anwendung von Gewalt begangen, die Leben und Gesundheit der Überwachungs- oder Aufsichtspersonen gefährdet, so zieht sie Freiheitsentziehung nicht unter drei Jahren nach sich. Bei Vorliegen besonders erschwerender Umstände tritt Erhöhung bis zur schwersten Maßnahme des sozialen Schutzes — Erschießung, verbunden mit Vermögenskonfiskation — ein.

§ 59[3b]. Die Zerstörung oder Beschädigung von Eisenbahnen und sonstigen Verkehrswegen, dazu gehörigen Anlagen, Warnungssignalen und Betriebsmitteln sowie von Schiffen in der Absicht, einen Eisenbahn- oder Schiffsunfall herbeizuführen, zieht nach sich: Freiheitsentziehung nicht unter drei Jahren, verbunden mit völliger oder teilweiser Vermögenskonfiskation. Bei Vorliegen besonders erschwerender Umstände tritt Erhöhung bis zur schwersten Maßnahme des sozialen Schutzes — Erschießung, verbunden mit Vermögenskonfiskation — ein.

§ 59⁴. Die Weigerung, der Einberufung zur Erfüllung der aktiven Wehrpflicht Folge zu leisten, oder die Umgehung dieser Pflicht ziehen nach sich: Freiheitsentziehung bis zu sechs Monaten, verbunden mit nachfolgender Einweisung in ein Truppenteil zu vorschriftsmäßiger Erfüllung der Wehrpflicht; bei Vorliegen mildernder Umstände: eine Disziplinarmaßnahme, die von dem Kommando desjenigen Truppenteils aufzuerlegen ist, dem der Täter überwiesen wird.

Die gleichen Handlungen ziehen bei Vorliegen besonders erschwerender Umstände, insbesondere bei Umgehung mittels vorsätzlicher Gesundheitsbeschädigung, Urkundenfälschung, Bestechung von Beamten u. dgl. m., sowie bei Berufung auf religiöse Überzeugungen Freiheitsentziehung bis zu fünf Jahren mit den im ersten Teil dieses Paragraphen bezeichneten Folgen nach sich.

§ 59⁵. Die Umgehung der Pflicht, dem Mobilmachungsbefehl durch Einrücken in die Rote Armee der Arbeiter und Bauern oder in die Front- und Etappendienstkommandos Folge zu leisten, zieht nach sich: Freiheitsentziehung nicht unter sechs Monaten, für Vorgesetzte nicht unter zwei Jahren, verbunden mit völliger oder teilweiser Vermögenskonfiskation. Bei Vorliegen besonders erschwerender Umstände tritt Erhöhung bis zur schwersten Maßnahme des sozialen Schutzes — Erschießung, verbunden mit Vermögenskonfiskation — ein.

§ 59⁶. Die Verweigerung oder die Umgehung von Steuerzahlungen oder der Erfüllung von öffentlichen Pflichten — wie der Pflicht zur Ausführung von Militär-Autotransporten und der Pflicht zur Gestellung von Militärpferden, -Fuhrwerken und -Wasserfahrzeugen — während des Krieges ziehen nach sich: Freiheitsentziehung nicht unter sechs Monaten; bei Vorliegen besonders erschwerender Umstände: Erhöhung bis zur schwersten Maßnahme des sozialen Schutzes — Erschießung, verbunden mit Vermögenskonfiskation.

§ 59⁷. Propaganda oder Agitation, die auf die Erregung nationaler oder religiöser Feindschaft oder Uneinigkeit gerichtet sind, sowie die Verbreitung, Herstellung oder Aufbewahrung von Schriften gleichen Inhalts ziehen Freiheitsentziehung bis zu zwei Jahren nach sich.

Werden die gleichen Handlungen während des Krieges oder bei Massenaufruhr begangen, so ziehen sie nach sich: Freiheitsentziehung nicht unter zwei Jahren, verbunden mit völliger oder teilweiser Vermögenskonfiskation; bei Vorliegen besonders erschwerender Umstände: Erhöhung bis zur schwersten Maßnahme des sozialen Schutzes — Erschießung, verbunden mit Vermögenskonfiskation.

§ 59⁸. Die Fälschung von Metallgeld, Staatskassenscheinen, Noten der Staatsbank der U.d.S.S.R., staatlichen Wertpapieren oder von ausländischer Valuta sowie das gewerbsmäßige Inverkehrbringen der gefälschten Stücke ziehen die schwerste Maßnahme des sozialen Schutzes

— Erschießung, verbunden mit Vermögenskonfiskation — nach sich. Bei Vorliegen mildernder Umstände ist Herabsetzung bis zu Freiheitsentziehung nicht unter zwei Jahren, verbunden mit völliger oder teilweiser Vermögenskonfiskation, zulässig.

Die gewerbsmäßige Fälschung von Schecks, Hinterlegungsscheinen über Geld und Wertpapiere sowie von Kreditbriefen zieht nach sich: Freiheitsentziehung nicht unter zwei Jahren, verbunden mit völliger oder teilweiser Vermögenskonfiskation.

Die Fälschung von Postwertzeichen, Fahrkarten der Eisenbahnen und Wassertransportmittel und von sonstigen Personen- oder Güterbeförderung betreffenden Urkunden sowie das gewerbsmäßige Inverkehrbringen der gefälschten Stücke ziehen Freiheitsentziehung bis zu drei Jahren nach sich.

§ 59^{9}. Die qualifizierte Konterbande zieht außer der von der Zollverwaltung vorzunehmenden Einziehung der Waren und der von ihr aufzuerlegenden Geldstrafe nach sich: Freiheitsentziehung nicht unter einem Jahr, verbunden mit völliger oder teilweiser Vermögenskonfiskation; bei Vorliegen besonders erschwerender Umstände: Erhöhung bis zur schwersten Maßnahme des sozialen Schutzes — Erschießung, verbunden mit Vermögenskonfiskation.

§ 59^{10}. Der gewerbsmäßige oder von Beamten dem ungesetzlichen Überschreiten der staatlichen Grenzen geleistete Vorschub zieht Freiheitsentziehung nicht unter einem Jahr nach sich.

§ 59^{11}. Die Verletzung der Bestimmungen über das Außenhandelsmonopol zieht nach sich: Freiheitsentziehung bis zu zehn Jahren, verbunden mit völliger oder teilweiser Vermögenskonfiskation.

§ 59^{12}. Die Verletzung der Bestimmungen über Valutageschäfte zieht nach sich: Freiheitsentziehung bis zu drei Jahren, verbunden mit völliger oder teilweiser Vermögenskonfiskation.

§ 59^{13}. Die Nichtanzeige eines in Vorbereitung befindlichen oder vollendeten Verbrechens aus §§ 59^{2}, 59^{3} oder 59^{8} dieses Gesetzes, von dem man auf glaubwürdige Weise Kenntnis erlangt hat, zieht Freiheitsentziehung bis zu einem Jahr nach sich.

Zweites Kapitel.

Sonstige Verbrechen gegen die Verwaltungsordnung.

§ 60. Die nicht rechtzeitige Zahlung von Steuern oder Zwangsversicherungsgebühren trotz vorliegender Zahlungsfähigkeit zieht für den Fall, daß auch nur einmal im vergangenen oder im laufenden Steuerjahr Eintreibungsmaßnahmen — wie Pfändung von Vermögensgegenständen oder Zwangsversteigerung der gepfändeten Vermögensgegenstände — angewandt worden sind, nach sich: Geldstrafe in Höhe der geschuldeten Beträge; im Wiederholungsfall: Zwangsarbeit bis zu sechs Monaten oder Geldstrafe in doppelter Höhe der geschuldeten Zahlungen.

Werden die gleichen Handlungen von einer Mehrheit von Personen auf vorherige Verabredung oder — wenn auch ohne vorherige Verabredung — von Personen begangen, die solchen landwirtschaftlichen Betrieben angehören, die gemäß den (auf der Grundlage der Verordnung über eine einheitliche Landwirtschaftssteuer erlassenen) Sondergesetzen den großbäuerlichen (Kulacken-) Betrieben zuzurechnen sind, oder Personen, die in der Gruppe Nr. 3 zur Einkommensteuer veranlagt sind, so ziehen sie nach sich: Freiheitsentziehung oder Zwangsarbeit bis zu einem Jahr oder Geldstrafe bis zum zehnfachen Betrag der geschuldeten Zahlungen.

§ 60[1]. Die nicht rechtzeitige Zahlung der Militär-Sondersteuer trotz vorliegender Zahlungsunfähigkeit zieht nach sich: Zwangsarbeit bis zu drei Monaten oder Geldstrafe bis zum dreifachen Betrag der nicht gezahlten Steuer.

Werden die gleichen Handlungen von einer wegen Nichtzahlung der bezeichneten Steuer im laufenden oder vergangenen Steuerjahr verurteilten Personen begangen, so ziehen sie nach sich: Zwangsarbeit bis zu sechs Monaten oder Geldstrafe bis zum fünffachen Betrag der nicht gezahlten Steuer.

Werden die gleichen Handlungen — wenn auch zum ersten Mal — von einer Mehrheit von Personen auf vorherige Verabredung begangen, so ziehen sie Freiheitsentziehung bis zu zwei Jahren nach sich.

§ 61. Die Verweigerung der Erfüllung von öffentlichen Pflichten und allgemeinstaatlichen Aufgaben oder der Ausführung von Arbeiten von allgemeinstaatlichem Interesse zieht nach sich: eine von dem zuständigen staatlichen Organ zu verhängende Geldstrafe bis zum fünffachen Wert der auferlegten Aufgaben, Pflichten oder Arbeiten, im Wiederholungsfall: Freiheitsentziehung oder Zwangsarbeit bis zu einem Jahr.

Werden die gleichen Handlungen von einer Mehrheit von Personen auf vorherige Verabredung begangen und wird hierbei den staatlichen Organen bei der Durchführung der Pflichten, Aufgaben oder Arbeiten aktiver Widerstand geleistet, so zieht dies Verhalten nach sich: Freiheitsentziehung bis zu zwei Jahren, verbunden mit völliger oder teilweiser Vermögenskonfiskation und Ausweisung aus dem betreffenden Ort oder ohne solche.

§ 62[1]). Die auf gemeinsamer Verabredung beruhende planmäßige Verheimlichung oder fälschliche Angabe über Mengen von Gegenständen, die einer Besteuerung oder Bestandsaufnahme unterliegen, ziehen nach sich: für die Veranstalter und Führer — Freiheitsentziehung bis zu zwei Jahren oder Zwangsarbeit bis zu einem Jahre, verbunden mit teilweiser Vermögenskonfiskation oder ohne solche; für die sonstigen Beteiligten — Geldstrafe bis zum fünffachen Betrag der geschuldeten Zahlungen.

Verheimlichung im Wiederholungsfall zieht, auch wenn sie nicht auf

---

[1]) S. Nachtrag II (S. 68).

Verabredung mit anderen Zahlungspflichtigen beruht, die für die Veranstalter und Führer der planmäßigen Verheimlichung vorgesehenen Maßnahmen des sozialen Schutzes nach sich.

Erstmalige Verheimlichung zieht Geldstrafe bis zum fünffachen Betrag der geschuldeten Zahlungen nach sich.

§ 63. Die Verheimlichung eines Nachlasses oder eines durch Schenkung erworbenen Vermögens — in seiner Gesamtheit oder zu einem Teil — sowie die künstliche Verminderung des Werts des Vermögens mit dem Ziel, die Erb- oder Schenkungsgesetze oder das Gesetz über die Besteuerung des Nachlasses und des durch Schenkung erworbenen Vermögens zu umgehen, zieht nach sich: völlige oder teilweise Konfiskation des Vermögens, das durch Erbfolge oder Schenkung auf die Person übergegangen ist, die es verheimlicht.

§ 64. Die Verletzung der zur Registrierung der Wehrpflichtigen erlassenen Bestimmungen zieht nach sich: Zwangsarbeit bis zu einem Monat oder Geldstrafe bis zu zweihundert Rubeln.

§ 65 —.— (außer Kraft gesetzt am 6. Juni 1927).

§ 66. Die Umgehung der Pflicht zur Teilnahme an Probe- oder Kontrollmobilmachungen zieht nach sich: Zwangsarbeit bis zu drei Monaten oder Geldstrafe bis zu fünfhundert Rubeln.

§ 67 —.— (außer Kraft gesetzt am 6. Juni 1927).

§ 68. Die Weigerung, der Militärdienstpflicht Folge zu leisten, oder die Umgehung dieser Pflicht seitens Personen, die zum militärischen Vorbereitungsdienst verpflichtet sind, Militärpersonen, die nicht der Roten Armee der Arbeiter und Bauern angehören, oder Reservisten der Roten Armee der Arbeiter und Bauern zieht nach sich: Freiheitsentziehung oder Zwangsarbeit bis zu sechs Monaten oder Geldstrafe bis zu fünfhundert Rubeln.

Die Weigerung, der Militärdienstpflicht Folge zu leisten, oder die Umgehung dieser Pflicht seitens Personen, die zum militärischen Vorbereitungsdienst verpflichtet sind, Militärpersonen, die nicht der Roten Armee der Arbeiter und Bauern angehören, oder Reservisten mittels vorsätzlicher Gesundheitsbeschädigung, Vortäuschung einer Krankheit, Urkundenfälschung, Bestechung von Beamten oder sonstiger Täuschungshandlungen oder unter dem Vorwand religiöser oder sonstiger persönlicher Überzeugungen, zieht Freiheitsentziehung bis zu drei Jahren nach sich.

§ 69 —.— (außer Kraft gesetzt am 6. Juni 1927).

§ 70. Die Umgehung der Pflicht, Pferde, Fuhrwerk oder Geschirr zur Ausrüstung der Territorialtruppenkörper der Roten Armee der Arbeiter und Bauern zu gestellen, während der Lehrzeit sowie während der Übungs- und kurzfristigen Appelle zieht Geldstrafe bis zu zweihundert Rubeln mit oder ohne Konfiskation der nichtgestellten Tiere und Gegenstände nach sich.

Die Verletzung der Bestimmungen über die Militärschätzung von

Arbeitstieren (Pferden, Ochsen, Kamelen u. ä.), Fuhrwerk, Geschirr, Kraftwagen, Motorrädern, Fahrrädern und sonstigen Transportmitteln, die der Militärschätzung unterliegen, sowie ihrer Zubehör- und Ersatzteile, oder die Nichtvorführung der bezeichneten Gegenstände zur Kontrollzählung, Bestandsaufnahme oder bei Probe- und Kontrollmobilmachungen ohne triftigen Grund, zieht Geldstrafe bis zu fünfzig Rubeln nach sich.

§ 71. Das eigenmächtige vorzeitige Verlassen des Dienstes seitens Angehöriger der aktiven Miliz, der aktiven Kriminalpolizei oder seitens aktiven Gefängnisverwaltungspersonals zieht Freiheitsentziehung bis zu sechs Monaten nach sich.

Werden diese Handlungen in einer Gefahrlage oder von Personen des aktiven Kommandopersonals begangen, so ziehen sie Freiheitsentziehung nicht unter sechs Monaten nach sich.

§ 72. Die Fälschung von Beglaubigungen oder sonstigen von staatlichen und öffentlichen Behörden ausgestellten Urkunden, die Rechte gewähren oder von Pflichten befreien, in der Absicht, selbst von ihnen Gebrauch zu machen oder andere von ihnen Gebrauch machen zu lassen, zieht Freiheitsentziehung bis zu drei Jahren oder Zwangsarbeit bis zu einem Jahr nach sich.

Das Gebrauchmachen von gefälschten Urkunden in Kenntnis der Fälschung zieht Freiheitsentziehung oder Zwangsarbeit bis zu sechs Monaten oder Geldstrafe bis zu hundert Rubeln nach sich.

§ 73. Der einem Beamten bei Ausübung der ihm durch das Gesetz auferlegten Pflichten geleistete Widerstand oder die Nötigung eines Beamten zur Ausführung von offensichtlich ungesetzlichen Handlungen ziehen bei Anwendung von Gewalt gegen die Person des Beamten Freiheitsentziehung nicht unter einem Jahr nach sich.

Der Widerstand gegen die Amtsgewalt ohne Anwendung von Gewalt zieht Freiheitsentziehung oder Zwangsarbeit bis zu sechs Monaten oder Geldstrafe bis zu fünfhundert Rubeln nach sich.

§ 73^1. Die Bedrohung von Beamten oder öffentlichen Funktionären mit Mord, Beschädigung des Vermögens oder sonstiger Gewaltanwendung in der Absicht, deren amtliche oder öffentliche Tätigkeit zu unterbinden oder in ihrem Inhalte zugunsten des Drohenden zu beeinflussen, zieht je nach den Umständen und der Art der Bedrohung nach sich: Zwangsarbeit bis zu sechs Monaten oder Geldstrafe bis zu dreihundert Rubeln oder Ausweisung aus dem derzeitigen Aufenthaltsort, die mit Zwangsansiedlung an einem anderen Ort verbunden sein kann, bis zu drei Jahren.

§ 74. Hooliganerie, d. h. ungebührliche Handlungen, die offensichtliche Nichtachtung gegenüber der Gesellschaft zum Ausdruck bringen, zieht, wenn sie zum ersten Mal begangen und gegen den Täter bis zur Eröffnung des Kriminalverfahrens nicht bereits eine Verwaltungsstrafe verhängt worden ist, Freiheitsentziehung bis zu drei Monaten nach sich.

Wenn die vorbezeichneten Handlungen in Gewalttätigkeit oder grobem Unfug bestehen oder ungeachtet der Verwarnung durch Organe der öffentlichen Sicherheit wiederholt oder hartnäckig begangen werden, oder sich durch besonderen Zynismus und Unverfrorenheit auszeichnen, so ziehen sie Freiheitsentziehung bis zu zwei Jahren nach sich.

§ 75. Die Nichtbefolgung einer gesetzmäßigen Anordnung oder Aufforderung eines auf Wache befindlichen militärischen Postens oder sonstiger obrigkeitlicher Organe, denen der Schutz der öffentlichen Ordnung und Sicherheit obliegt, zieht nach sich: Freiheitsentziehung oder Zwangsarbeit bis zu drei Monaten oder Geldstrafe bis zu dreihundert Rubeln.

§ 75[1]. Die Verletzung der vom Volkskommissariat für Verkehrsmittel und seinen Organen zum Schutz der Ordnung und Sicherheit des Verkehrs, zum Schutz der Transportmittel, zur Verhütung und Ahndung einer widerrechtlichen Transportbenutzung sowie zur Durchführung sanitärer und feuerverhütender Maßnahmen erlassenen zwingenden Vorschriften zieht, wenn die Verletzung zu schweren Folgen geführt hat, Freiheitsentziehung bis zu drei Jahren oder Geldstrafe bis zu dreitausend Rubeln nach sich.

§ 75[2]. Die Verletzung der im Wege des Gesetzes oder durch Verordnung der zuständigen Behörden erlassenen Vorschriften zur Verhütung von Schiffszusammenstößen zur See und zum Schutz der Seetelegraphenkabel sowie der sonstigen den Seeverkehr regelnden Vorschriften außerhalb der Hafengewässer zieht, wenn die Verletzung für den Täter kein Amts(Dienst)verbrechen darstellt, nach sich: Geldstrafe bis zu dreihundert Rubeln und für den Fall, daß die Verletzung zu schweren Folgen geführt hat, Freiheitsentziehung bis zu drei Jahren oder Geldstrafe bis zu dreitausend Rubeln.

§ 76. Die öffentliche Beleidigung von Beamten bei Ausübung ihrer Amtspflichten zieht nach sich: Freiheitsentziehung oder Zwangsarbeit bis zu sechs Monaten oder Geldstrafe bis zu fünfhundert Rubeln.

§ 77. Die eigenmächtige Anmaßung der Amtsbezeichnung oder der Amtsgewalt eines Beamten, die mit einer Diskreditierung der Sowjetherrschaft oder der Verübung von gemeingefährlichen Handlungen verbunden ist, zieht Freiheitsentziehung bis zu zwei Jahren nach sich.

§ 78. Die Entwendung, Beschädigung, Verheimlichung oder Vernichtung von amtlichen oder privaten Urkunden staatlicher Behörden in der Absicht, die richtige Erledigung der laufenden Angelegenheiten oder überhaupt den Geschäftsgang der Behörden zu hindern, zieht Freiheitsentziehung bis zu einem Jahre nach sich.

Werden die gleichen Handlungen bezüglich besonders geheimer oder besonders wichtiger staatlicher Urkunden begangen, so ziehen sie Freiheitsentziehung bis zu drei Jahren nach sich.

§ 79. Die vorsätzliche Vernichtung oder Beschädigung von Vermögensstücken staatlicher Behörden und Unternehmungen, oder öffentlicher (genossenschaftlicher, gewerkschaftlicher u. ä.) Verbände wie Elektrizitäts-, Verkehrsmittelverbände u. ä. ziehen Freiheitsentziehung oder Zwangsarbeit bis zu einem Jahr nach sich.

Werden die gleichen Handlungen wiederholt begangen, oder führen sie zu einer Stillegung oder Unterbrechung der Produktion oder zu einer sonstigen erheblichen Schädigung des Staates, so ziehen sie Freiheitsentziehung bis zu fünf Jahren — mit oder ohne Vermögenskonfiskation — nach sich.

§ 79[1]. Das Abschlachten und die vorsätzliche Verletzung von Vieh sowie die Anstiftung anderer Personen hierzu in der Absicht, die Kollektivierung zu unterhöhlen, oder ihren Aufschwung zu hindern, ziehen nach sich: Freiheitsentziehung bis zu zwei Jahren, verbunden mit Ausweisung aus dem betreffenden Ort oder ohne solche.

§ 80. Die fahrlässige Beschädigung von Seetelegraphenkabeln zieht, wenn sie die Unterbrechung des telegraphischen Verkehrs zur Folge hat haben können, Zwangsarbeit bis zu drei Monaten oder Geldstrafe bis zu dreihundert Rubeln nach sich.

§ 81. Die gesetzwidrige Befreiung eines bewachten oder eingesperrten Gefangenen oder die Beihilfe zu seiner Flucht zieht Freiheitsentziehung bis zu einem Jahre nach sich.

Werden die gleichen Handlungen unter Anwendung von Gewalt gegen die Wache begangen, so ziehen sie, wenn hierbei schwere, lebensgefährliche Verletzungen nicht zugefügt werden, Freiheitsentziehung bis zu drei Jahren nach sich.

Sind die gleichen Handlungen von den im vorigen Absatz bezeichneten Folgen begleitet, so ziehen sie Freiheitsentziehung bis zu zehn Jahren nach sich.

§ 82. Die mittels Untergrabung, Aufbruch oder Beschädigung der Wände oder Schlösser bewerkstelligte Flucht eines bewachten oder eingesperrten Gefangenen, die Rückkehr nach den Orten, an denen der Aufenthalt verboten ist, sowie die Flucht aus dem Ort der zwangsweisen Ansiedlung oder auf dem Wege dorthin ziehen Freiheitsentziehung bis zu einem Jahr nach sich.

Das eigenmächtige zeitweilige Verlassen des durch den Beschluß eines richterlichen oder Verwaltungsorgans zugewiesenen Aufenthaltsorts sowie das nicht rechtzeitige Erscheinen an dem durch die gleichen Organe bestimmten Wohnort zieht nach sich: Zwangsarbeit bis zu einem Monat oder Geldstrafe bis zu hundert Rubeln. Die Auferlegung dieser Maßnahmen erfolgt im Verwaltungsverfahren.

§ 83. Einfache Konterbande zieht Einziehung der geschmuggelten Waren und Geldstrafe nach sich; die Entscheidung darüber erfolgt auf Grund der Zollordnung im Verwaltungsverfahren.

Konterbande im Wiederholungsfall zieht außer Einziehung der geschmuggelten Waren und Geldstrafe Ausweisung im Verwaltungsverfahren nach sich.

§ 84. **Die Ausreise ins Ausland oder die Einreise in die U.d.S.S.R. ohne den vorgeschriebenen Paß oder die Erlaubnis der zuständigen Behörden ziehen Zwangsarbeit bis zu einem Jahr oder Geldstrafe bis zu fünfhundert Rubeln nach sich.**

Anmerkung: Die Geltung dieses Paragraphen erstreckt sich nicht auf die Fälle, in denen die Einreise in die U.d.S.S.R. zwar ohne den vorgeschriebenen Paß oder die Erlaubnis der zuständigen Behörden, jedoch in der Absicht erfolgt, das Asylrecht in Anspruch zu nehmen, das Artikel 12 der Verfassung der R.S.F.S.R. den wegen ihrer politischen Betätigung oder religiöser Überzeugung verfolgten Ausländern einräumt.

§ 85. Die Verletzung der zum Schutz der Wälder vor Forstdiebstahl und Waldfrevel erlassenen Bestimmungen zieht, sofern der Wert der gesetzwidrigen Ausbeute oder die Höhe des der Forstwirtschaft zugefügten Schadens unter Zugrundelegung der von den Gouvernements- und Kreisausschüssen im Anschluß an die Lieferpreise der Forstverwaltung aufgestellten Taxen den Betrag von fünfzig Rubeln übersteigen, nach sich: Zwangsarbeit bis zu sechs Monaten oder Geldstrafe bis zur dreifachen Höhe des Wertes der gesetzwidrigen Ausbeute oder des angerichteten Schadens.

Werden die gleichen Handlungen gewerbsmäßig begangen, so ziehen sie ohne Rücksicht auf den Wert der gesetzwidrigen Ausbeute oder die Höhe des der Forstwirtschaft zugefügten Schadens Freiheitsentziehung oder Zwangsarbeit bis zu einem Jahr nach sich. Die gesetzwidrige Ausbeute ist einzuziehen.

§ 86. Die Ausübung von Fischerei-, Tierfang und anderer auf die Ausbeutung der Naturschätze des Wassers gerichteten Gewerbe auf Meeren, Flüssen und Seen, an denen ein allgemeinstaatliches Interesse besteht, ohne die erforderliche Erlaubnis oder zu verbotenen Zeiten oder an verbotenen Stellen oder mit verbotenen Geräten, verbotenen Mitteln oder nach verbotenen Verfahren, zieht nach sich: Freiheitsentziehung oder Zwangsarbeit bis zu einem Jahr oder Geldstrafe bis zu fünfhundert Rubeln. Die gesetzwidrige Ausbeute unterliegt in jedem Falle der Einziehung. Daneben können auch die Fanggeräte und die zur Ausbeutung des gesetzwidrigen Gewerbes dienenden Wasserfahrzeuge mit allem Zubehör eingezogen werden.

Die Ausübung der Robben- und Seeotterjagd auf offener See, der Robbenjagd auch innerhalb der Dreimeilenzone, ferner, soweit besondere Vorschriften sie verbieten, die Ausübung der Robben- und Seeotterjagd zu Lande, der Seeotterjagd auch innerhalb der Dreimeilenzone, ziehen die gleichen Maßnahmen des sozialen Schutzes nach sich. Die Wasserfahrzeuge und Fanggeräte müssen in diesen Fällen eingezogen werden.

Das Volkskommissariat für Landwirtschaft der R.S.F.S.R. wird ermächtigt, ein Verzeichnis derjenigen Fischereien herzustellen, die eine allgemeine Bedeutung für das Gemeinwesen besitzen, und für den Bereich dieser Fischereien Vorschriften zu erlassen, deren Übertretung eine im Verwaltungswege zu verhängende Geldstrafe bis zu hundert Rubeln nach sich zieht.

§ 86[1]. Die Ausübung der Jagd an verbotenen Stellen, zu verbotenen Zeiten, nach verbotenen Verfahren oder mit verbotenen Geräten, zieht nach sich: Freiheitsentziehung oder Zwangsarbeit bis zu sechs Monaten oder Geldstrafe bis zu dreihundert Rubeln. Die Beute unterliegt der Einziehung.

§ 87. Die Ausbeutung des Erdinnern unter Verletzung der einschlägigen Bestimmungen zieht Freiheitsentziehung oder Zwangsarbeit bis zu sechs Monaten oder Geldstrafe bis zu fünfhundert Rubeln nach sich.

§ 87a. Die Verletzung der Gesetze über die Verstaatlichung des Grund und Bodens in der offenen oder versteckten Form eines Kaufes, einer Schenkung, einer Verpfändung oder eines eigenmächtigen Tausches von Grundstücken, überhaupt jegliche ungesetzliche Entziehung von Nutzungsrecht am Grund und Boden, ziehen nach sich: Freiheitsentziehung bis zu drei Jahren, verbunden mit Einziehung des Grundstücks, das Gegenstand des Vertrages war, vom Erwerber sowie des für dieses Grundstück erhaltenen Entgelts in Geld oder in einem sonstigen Vermögensvorteil und Entziehung des Rechts auf Zuteilung von Land auf die Dauer bis zu sechs Jahren.

Die widerrechtliche Unterpacht zieht nach sich: Freiheitsentziehung oder Zwangsarbeit bis zu einem Jahr oder Geldstrafe bis zu fünfhundert Rubeln, verbunden mit der Entziehung des Rechts auf Zuteilung von Land auf die Dauer bis zu sechs Jahren oder ohne eine solche.

Wird die Unterpacht wiederholt oder zwar erstmalig, jedoch hinsichtlich zweier oder mehrerer von Werktätigen gepachteter Grundstücke vorgenommen, so zieht sie nach sich: Freiheitsentziehung bis zu zwei Jahren, verbunden mit der Entziehung des Rechts auf Zuteilung von Land auf die Dauer von sechs Jahren oder ohne eine solche.

§ 88. Die Verschweigung von Ehehindernissen sowie fälschliche Angaben vor den Beamten des Personenstandsregisters ziehen Freiheitsentziehung oder Zwangsarbeit bis zu einem Jahr oder Geldstrafe bis zu tausend Rubeln nach sich.

§ 89. Die Entfernung oder Beschädigung von Siegeln, die auf amtliche Anordnung zur Sicherung bestimmter Gegenstände oder Räumlichkeiten angelegt sind, zieht nach sich: Zwangsarbeit bis zu drei Monaten oder Geldstrafe bis zu dreihundert Rubeln.

§ 90. Die Selbsthilfe, d. h. die eigenmächtige unter Außerachtlassung der hierfür bestimmten staatlichen Einrichtungen betriebene Verfolgung eines bestehenden oder vermeintlichen, von dem Dritten aber bestrittenen Rechts zieht nach sich: Zwangsarbeit bis zu sechs Monaten oder Geldstrafe bis zu fünfhundert Rubeln.

§ 91. Die widerrechtliche Beteiligung an Wahlen zu Sowjets oder Sowjetkongressen zieht nach sich: Zwangsarbeit bis zu sechs Monaten oder Geldstrafe bis zu fünfhundert Rubeln.

§ 91[1]. Die Hinderung von Lohnarbeitern auf dem flachen Lande an der Ausübung der ihnen zustehenden Wahlrechte durch den Arbeitgeber zieht Zwangsarbeit bis zu sechs Monaten oder Geldstrafe bis zu fünfhundert Rubeln nach sich.

Ist die Handlung gegen drei oder mehr Lohnarbeiter oder wiederholt begangen, so zieht sie Zwangsarbeit bis zu einem Jahr oder Geldstrafe bis zu tausend Rubeln nach sich.

§ 92. Das Nichterscheinen oder die Aussageverweigerung eines von einem Organ des Ermittlungs- oder Untersuchungsverfahrens oder von einem gerichtlichen Organ vorgeladenen Zeugen sowie die Verhinderung seines Erscheinens durch eine Person, von der er materiell oder dienstlich abhängig ist, ziehen nach sich: Zwangsarbeit bis zu drei Monaten oder Geldstrafe bis zu hundert Rubeln.

Das Nichterscheinen eines von denselben Organen vorgeladenen Sachverständigen, Dolmetschers oder Vertrauenszeugen oder deren Weigerung, die ihnen obliegenden Pflichten zu erfüllen, sowie die Hinderung eines Volksrichters, zur Ausübung seiner Pflichten zu erscheinen, durch eine Person, von der er materiell oder dienstlich abhängig ist, ziehen Geldstrafe bis zu fünfzig Rubeln nach sich.

Die Umgehung der Erfüllung der Pflichten eines Volksrichters zieht Geldstrafe bis zu fünfzig Rubeln nach sich.

§ 93. Die Hissung der Flagge der U.d.S.S.R. auf einem Hochseehandelsschiff ohne gesetzliches Recht auf diese Flagge zieht Freiheitsentziehung bis zu einem Jahr nach sich. Daneben kann auf Einziehung des Schiffes oder eine Geldstrafe erkannt werden, deren Höhe den vollen Wert des Schiffes nicht übersteigen darf.

Der Verkauf oder Kauf eines Hochseehandelsschiffes, das die Flagge der U.d.S.S.R. führt, ohne Erlaubnis der zuständigen Behörde zieht nach sich: Freiheitsentziehung bis zu einem Jahr, verbunden mit der Einziehung des Schiffes oder Geldstrafe in Höhe seines Wertes oder Geldstrafe bis zu tausend Rubeln.

§ 94. Die widerrechtliche Benutzung des durch das internationale Genfer Abkommen von 1906 festgelegten Wahr- und Erkennungszeizeichens des militärischen Sanitätsdienstes (Rotes Kreuz und Roter Halbmond) sowie der Gebrauch der Bezeichnungen »Rotes Kreuz« und »Roter Halbmond« zu Handelszwecken, als Fabrik- und Handelszeichen oder überhaupt zur Erlangung von irgendwelchen persönlichen Vorteilen zieht nach sich: Freiheitsentziehung bis zu einem Jahr, verbunden mit teilweiser Vermögenskonfiskation, oder Geldstrafe bis zu tausend Rubeln.

§ 95. Die wissentlich falsche Anzeige bei einem Organ der gerichtlichen Strafverfolgung oder sonstigen zur Einleitung einer Strafverfolgung ermächtigten Beamten sowie die wissentlich falsche Aussage eines Zeugen, Sachverständigen oder Dolmetschers im Ermittlungs-, Untersuchungs- oder Gerichtsverfahren zieht nach sich: Freiheitsentziehung oder Zwangsarbeit bis zu drei Monaten.

Die wissentlich falsche Anzeige oder Aussage, verbunden mit: a) der Beschuldigung eines schweren Verbrechens, b) eigennützigen Absichten, c) künstlicher Schaffung von Anklagebeweismitteln, ziehen Freiheitsentziehung bis zu zwei Jahren nach sich.

§ 96. Die Verbreitung von Ergebnissen der Voruntersuchung, des Ermittlungs- oder Nachprüfungsverfahrens ohne Erlaubnis des Staatsanwalts, Untersuchungsrichters oder des Beamten, dem die Ermittlung oder Nachprüfung obliegt, zieht nach sich: Freiheitsentziehung bis zu sechs Monaten oder Geldstrafe bis zu fünfhundert Rubeln.

§ 97. Die Erhebung einer höheren als der von den zuständigen Behörden festgesetzten Wohnungsmiete von den in § 156 des Zivilgesetzbuchs vorgesehenen Kategorien der Werktätigen sowie deren Zwangsausweisung — soweit sie nicht auf einem gerichtlichen Urteil beruht, oder nach dem Sondergesetz für die von Behörden und Unternehmungen belegten Häuser als Verwaltungsmaßnahme zulässig ist — ziehen nach sich: Zwangsarbeit bis zu drei Monaten oder Geldstrafe bis zu fünfhundert Rubeln.

§ 98. Der Verkauf und Kauf von Wohnungen und Zimmern, d. h. die Annahme und Hingabe einer über den Mietzins hinausgehenden Zahlung für die Überlassung von Wohnfläche auf kommunalisierten oder verstaatlichten Stadtgrundstücken — mit Ausnahme der zur Bebauung überlassenen Grundstücke — zieht nach sich: Geldstrafe, die die fünffache Höhe der verabredeten Zahlung nicht übersteigen darf.

§ 99. Die Herstellung, die Aufbewahrung und der Ankauf zwecks Weiterverkaufs sowie der gewerbsmäßig betriebene Verkauf selbst von Waren, Materialien und Fabrikaten, hinsichtlich derer ein besonderes Verbot oder eine besondere Beschränkung besteht, ziehen nach sich: Freiheitsentziehung bis zu zwei Jahren, verbunden mit Vermögenskonfiskation und Handelsverbot.

§ 99[1]. Das Aufkaufen von rohen Fischen zum Weiterverkauf oder zur Verarbeitung zwecks Vertriebs ohne die erforderliche Erlaubnis sowie die gewerbsmäßige Verarbeitung von rohen Fischen außerhalb der hierfür konzessionierten Fischverarbeitungsanstalten in Mengen, die die für die einzelnen Fischereigewerbebezirke festgesetzten Maße übersteigen, ziehen nach sich: Freiheitsentziehung bis zu zwei Jahren, verbunden mit der Einziehung der aufgekauften und verarbeiteten Fische.

§ 100. Die Verletzung der Vorschriften über Akzisen oder besondere Patentabgaben zieht nach sich: Zwangsarbeit bis zu einem Jahr oder Geldstrafe bis zu tausend Rubeln, in beiden Fällen verbunden mit der Einziehung der akzisepflichtigen Gegenstände, Herstellungsgeräte und Rohstoffe, soweit für sie die Gebühren nicht in voller Höhe entrichtet worden sind, es sei denn, daß die bezeichneten Verstöße auf Grund gesetzlicher Bestimmung der Verfolgung im Verwaltungsverfahren unterliegen.

§ 101. Die Herstellung von Wein, Branntwein und überhaupt alkoholhaltigen Getränken und Stoffen zum Zwecke des Verkaufs ohne die erforderliche Erlaubnis oder mit einem Alkoholgehalt, der den gesetzlich vorgeschriebenen Grad übersteigt, sowie der Verkauf selbst oder die gesetzwidrige Aufbewahrung solcher Getränke und Stoffe zum Zwecke des Verkaufs, ziehen nach sich: Freiheitsentziehung bis zu einem Jahr, verbunden mit teilweiser Vermögenskonfiskation oder ohne solche.

§ 102. Die Herstellung und Aufbewahrung von selbstgebranntem Branntwein zum Zwecke des Verkaufs sowie der gewerbsmäßig betriebene Handel mit diesem ziehen nach sich: Freiheitsentziehung oder Zwangsarbeit bis zu einem Jahr oder Geldstrafe bis zu fünfhundert Rubeln, verbunden mit Einziehung des selbstgebrannten Branntweins und der Herstellungsgeräte.

Die Herstellung und Aufbewahrung von selbstgebranntem Branntwein, die nicht zum Zwecke des Verkaufs geschieht, oder der nicht gewerbsmäßig betriebene Verkauf ziehen nach sich: Zwangsarbeit bis zu einem Monat oder Geldstrafe bis zu hundert Rubeln. Die Verhängung dieser Maßnahmen erfolgt gemäß einem besonderen Beschluß des Allrussischen Zentral-Exekutivkomitees und des Rates der Volkskommissare der R.S.F.S.R. im Verwaltungsverfahren.

§ 103. Die Herstellung, Aufbewahrung, Ausbesserung oder der gewerbsmäßig betriebene Verkauf von Apparaten, die zur Herstellung von selbstgebranntem Branntwein bestimmt sind, ziehen nach sich: Freiheitsentziehung oder Zwangsarbeit bis zu einem Jahr oder Geldstrafe bis zu fünfhundert Rubeln.

Werden die gleichen Handlungen nicht gewerbsmäßig begangen, so ziehen sie Zwangsarbeit bis zu einem Monat oder Geldstrafe bis zu hundert Rubeln nach sich. Die Verhängung dieser Maßnahme erfolgt gemäß einem besonderen Beschluß des Allrussischen Zentral-Exekutivkomitees und des Rates der Volkskommissare der R.S.F.S.R. im Verwaltungsverfahren.

§ 104. Die Herstellung und Aufbewahrung zum Zwecke des Verkaufs und der Verkauf selbst von Kokain, Opium, Morphium, Äther und anderen Betäubungsmitteln ohne die erforderliche Erlaubnis ziehen nach sich: Freiheitsentziehung oder Zwangsarbeit bis zu einem Jahr, verbunden mit teilweiser Vermögenskonfiskation oder ohne solche.

Die gleichen Handlungen, gewerbsmäßig begangen, sowie die Unterhaltung von Schlupfwinkeln, in denen der Verkauf oder der Genuß von den in diesem Paragraphen bezeichneten Mitteln stattfindet, ziehen nach sich: Freiheitsentziehung bis zu drei Jahren, verbunden mit völliger Vermögenskonfiskation.

§ 105. Die Verletzung von Vorschriften, die den Handel regeln, zieht, sofern diese nicht eine Verfolgung im Verwaltungsverfahren vorsehen,

Zwangsarbeit bis zu einem Jahr oder Geldstrafe bis zu zweitausend Rubeln nach sich.

Die Begehung von Handlungen, die durch Gesetz oder Statuten verboten sind, seitens Personen, die Verwaltungsorganen eines genossenschaftlichen oder Kreditunternehmens angehören, zieht nach sich: Zwangsarbeit bis zu sechs Monaten oder Geldstrafe bis zu fünfhundert Rubeln.

§ 106. Die Aufbewahrung und der Verkauf von ungeeichten Gold-, Silber- und Platinfabrikaten in einem Handelsbetrieb ziehen nach sich: Geldstrafe, deren Höhe mindestens die zehnfache Höhe des Eichgeldes für die aufgefundenen Fabrikate beträgt, sowie die Einziehung dieser Fabrikate.

§ 107. Böswillige Preistreiberei, begangen durch Aufkauf oder Verheimlichung von Waren oder durch Zurückhaltung von Waren vom Markt, zieht nach sich: Freiheitsentziehung bis zu einem Jahr, verbunden mit völliger oder teilweisen Vermögenskonfiskation oder ohne solche.

Die gleichen Handlungen ziehen, wenn sie auf einer Übereinkunft der Händler beruhen, Freiheitsentziehung bis zu drei Jahren, verbunden mit völliger Vermögenskonfiskation, nach sich.

§ 108. Die Nichtbefolgung oder Verletzung der durch Gesetz oder Anordnung der Obrigkeit festgesetzten Bauregeln, Gesundheits- und Brandschutzbestimmungen bei der Ausführung von Bauarbeiten sowie die Nichtbefolgung und Verletzung von gesetzlichen Bestimmungen, die den Schutz der Sicherheit und Ordnung bei der Arbeit in der Bergwerksindustrie regeln, ziehen, wenn sie zu schweren Folgen führen, Freiheitsentziehung bis zu drei Jahren oder Geldstrafe bis zu dreitausend Rubeln nach sich.

Die gleichen Handlungen ziehen, wenn sie nicht zu den bezeichneten Folgen führen, Zwangsarbeit bis zu einem Monat oder Geldstrafe bis zu hundert Rubeln nach sich. Die Verhängung dieser Maßnahmen erfolgt im Verwaltungsverfahren.

Drittes Kapitel.

Amts(Dienst)verbrechen.

§ 109. Der Mißbrauch der Amtsgewalt oder des Amtes, d. h. solche Handlungen eines Beamten, die er allein kraft seines Amtes vornehmen kann und die ohne durch Erwägungen dienstlicher Notwendigkeit veranlaßt zu sein, zu einer offensichtlichen Störung der geregelten Tätigkeit der Behörde oder Unternehmung führen oder ihr einen Vermögensschaden zufügen, oder eine Störung der öffentlichen Ordnung oder Verletzung der durch die Gesetze geschützten Rechte und Interessen der einzelnen Bürger zur Folge haben, zieht, wenn diese Handlungen von dem Beamten systematisch oder aus eigennützigen Motiven oder sonstigem persönlichen Interesse vorgenommen werden, oder wenn sie — für den Beamten erkennbar — schwere Folgen hätten haben können, Freiheitsentziehung nicht unter sechs Monaten nach sich.

Anmerkung 1: Unter Beamten sind Personen zu verstehen, die dauernde oder zeitweilige Ämter in einer staatlichen (Sowjet-)Behörde oder Unternehmung oder in einer Organisation oder Vereinigung inne haben, der zur Verwirklichung von wirtschaftlichen, administrativen, gewerkschaftlichen oder anderen allgemeinstaatlichen Aufgaben durch Gesetz bestimmte Pflichten auferlegt, bestimmte Rechte und Vollmachten verliehen sind.

Anmerkung 2: Gewerkschaftsbeamte haften für die von ihnen begangenen Dienstverbrechen (Verschwendung, Bestechung usw.), wenn sie auf Beschluß der Gewerkschaften zur Verantwortung gezogen werden, wie für Amtsverbrechen.

§ 110. Die Überschreitung der Amtsgewalt oder der Dienstvollmachten, d. h. die Ausführung von Handlungen, die offensichtlich über die Schranken der dem Täter gesetzlich gewährten Rechte und Vollmachten hinausgehen, zieht bei Vorhandensein der im vorigen Paragraphen vorgesehenen Merkmale nach sich: Freiheitsentziehung nicht unter sechs Monaten.

Ist die Überschreitung der Amtsgewalt oder der Vollmachten außerdem mit Gewalt, Anwendung von Waffen oder quälenden und die persönliche Würde des Betroffenen verletzenden Handlungen verbunden, so zieht sie Freiheitsentziehung nicht unter zwei Jahren nach sich.

§ 111. Untätigkeit im Amt, d. h. die Nichtvornahme von Handlungen seitens eines Beamten, die er von Amts wegen vornehmen muß, sowie Nachlässigkeit im Dienst, d. h. eine gleichgültige oder gewissenlose Einstellung gegenüber den Dienstpflichten, die zu Verzögerungen oder Stokkungen im Geschäftsgang, in der Erstattung der Rechenschaftsberichte oder zu sonstigen Pflichtversäumnissen im Dienst führt, zieht, wenn die in § 109 vorgesehenen Merkmale vorliegen, Freiheitsentziehung bis zu drei Jahren nach sich.

§ 111 a. Die Mitwirkung bei der Bildung von Scheingenossenschaften oder die Förderung ihrer weiteren Tätigkeit seitens derjenigen Staats- oder Genossenschaftsbeamten, denen die Registrierung von Genossenschaften und die nachfolgende Kontrolle ihrer Tätigkeit obliegt, sowie jegliche Unterstützung solcher Scheingenossenschaften (durch bevorzugte Behandlung bei der Belieferung mit Materialien und Waren, bei der Pachtzinsentrichtung usw.) seitens sonstiger Beamten ziehen, wenn der betreffende Beamte sich zwar einen Mißbrauch der Amtsgewalt, Untätigkeit oder Nachlässigkeit im Amt hat zu schulden kommen lassen, jedoch ohne eigennütziges oder sonstiges persönliches Interesse gehandelt hat, Freiheitsentziehung nicht unter sechs Monaten nach sich.

Werden die gleichen Handlungen aus eigennützigem oder sonstigem persönlichen Interesse begangen, so ziehen sie Freiheitsentziehung nicht unter zwei Jahren nach sich.

§ 112. Der Mißbrauch oder die Überschreitung der Amtsgewalt, die Untätigkeit im Amt oder die Nachlässigkeit den Dienstpflichten gegenüber, ziehen, wenn sie ein Versagen des von dem Beamten geleiteten zentralen Verwaltungs- bzw. staatswirtschaftlichen Produktions-, Handels-, Kredits- oder Transportapparates zur Folge haben, Freiheitsentziehung nicht unter zwei Jahren nach sich.

Alle übrigen Fälle des Mißbrauchs der Amtsgewalt oder Dienststellung, der Überschreitung der Amtsgewalt oder Dienstvollmachten, der Untätigkeit im Amt oder der Nachlässigkeit den Dienstpflichten gegenüber ziehen, wenn sie nicht unter die Merkmale dieses oder der vorhergehenden Paragraphen (§§ 109—111) fallen, nach sich: Zwangsarbeit bis zu einem Monat oder Dienstentlassung oder Entziehung des Rechts, ein leitendes oder verantwortliches Amt zu bekleiden, bis zu zwei Jahren oder Auferlegung der Verpflichtung, den angerichteten Schaden wiedergutzumachen, oder öffentlichen Tadel.

Anmerkung 1: Die Geltung des zweiten Absatzes dieses Paragraphen erstreckt sich nicht auf diejenigen Pflichtversäumnisse und Vergehen im Dienst, die ihrer Bedeutung nach die Anwendung von Maßnahmen des sozialen Schutzes nicht erfordern und eine disziplinarische Verantwortlichkeit im Dienstaufsichtswege nach sich ziehen.

Anmerkung 2: Im Falle der Verurteilung wegen eines der im zweiten Absatz dieses Paragraphen vorgesehenen Verbrechen kann das Gericht die dort aufgeführten Maßnahmen des sozialen Schutzes auch miteinander verbinden.

§ 113. Die Diskreditierung des Amts, d. h. die Begehung solcher Handlungen seitens eines Beamten, die zwar mit seinen Dienstpflichten nicht zusammenhängen, jedoch offensichtlich der Würde und der Autorität der von dem Beamten vertretenen Behörde in den Augen der Werktätigen Abbruch tun, zieht nach sich: Freiheitsentziehung bis zu zwei Jahren oder die in § 112 Abs. 2 aufgeführten Maßnahmen des sozialen Schutzes.

§ 114. Die Fällung eines unrichtigen Urteils, Erkenntnisses oder Beschlusses durch den Richter aus eigennützigen oder sonstigen persönlichen Motiven zieht Freiheitsentziehung nicht unter zwei Jahren nach sich.

§ 115. Die ungesetzliche Festnahme oder ungesetzliche Vorführung ziehen Freiheitsentziehung bis zu einem Jahr nach sich.

Die Nötigung zur Aussage bei der Vernehmung durch Anwendung ungesetzlicher Mittel seitens des Vernehmenden sowie die Verhaftung als Sicherungsmaßnahme aus persönlichen oder eigennützigen Motiven zieht Freiheitsentziehung bis zu fünf Jahren nach sich.

§ 116. Die von einem Beamten oder einem Beauftragten einer staatlichen oder öffentlichen Behörde begangene Aneignung oder Vergeudung von Geldern, Werten oder sonstigen Vermögensstücken, die ihnen kraft ihrer Amtsstellung oder zwecks Ausführung des ihnen erteilten Auftrags zur Verfügung stehen, ziehen Freiheitsentziehung bis zu drei Jahren nach sich.

Sind die vorbezeichneten Personen im Besitz besonderer Vollmachten, so ziehen die von ihnen begangene Aneignung oder Vergeudung ebenso wie die Aneignung von besonders wichtigen staatlichen Werten nach sich: Freiheitsentziehung nicht unter zwei Jahren, verbunden mit Vermögenskonfiskation.

§ 117. Die persönliche oder durch eine Mittelsperson vermittelte Annahme von Bestechungsmitteln in irgendeiner Form durch einen Beamten als Entgelt für die im Interesse des Gebenden liegende Vornahme oder Unterlassung irgendeiner Handlung, die der Beamte ausschließlich kraft seiner Amtsstellung erfüllen kann oder muß, zieht Freiheitsentziehung bis zu zwei Jahren nach sich.

Wenn die Annahme von Bestechungsmitteln unter erschwerenden Umständen erfolgt, wie z. B.

a) bei verantwortlicher Stellung des die Bestechungsmittel annehmenden Beamten,

b) nach vorausgegangener Verurteilung wegen Bestechung sowie bei wiederholter Bestechung,

c) durch Erpressung seitens des das Bestechungsmittel Annehmenden,

so zieht sie nach sich: Freiheitsentziehung nicht unter zwei Jahren, verbunden mit Vermögenskonfiskation.

§ 118. Die Hingabe von Bestechungsmitteln und die Vermittlung bei der Bestechung zieht Freiheitsentziehung bis zu fünf Jahren nach sich.

Anmerkung: Die unter diesen Paragraphen fallenden Personen werden dann nicht zur Verantwortung gezogen,

a) wenn die Bestechung von ihnen erpreßt worden ist und

b) sie unverzüglich nach Hingabe des Bestechungsmittels freiwillig von dem Geschehenen Anzeige erstatten.

§ 119. Die Anreizung zur Bestechung, d. h. die bewußte Schaffung von Umständen und Bedingungen, die zu dem Angebot oder der Annahme von Bestechungsmitteln führen, durch einen Beamten in der Absicht, den das Bestechungsmittel Gebenden oder Nehmenden zu überführen, zieht Freiheitsentziehung bis zu zwei Jahren nach sich.

§ 120. Die Urkundenfälschung im Amt, d. h. die von einem Beamten in eigennütziger Absicht vorgenommenen Eintragungen von wissentlich unrichtigen Tatsachen in amtlichen Urkunden, Fälschungen, Rasuren oder Falschdatierungen sowie die Anfertigung und Ausgabe von wissentlich falschen Urkunden oder die Eintragung von wissentlich falschen Vermerken in die Geschäftsbücher, zieht Freiheitsentziehung bis zu zwei Jahren nach sich.

Die gleichen Handlungen ziehen, wenn sie ohne eigennützige Absicht begangen werden, die in § 112 Abs. 2 aufgeführten Maßnahmen des sozialen Schutzes nach sich.

§ 121. Die Verkündung, Mitteilung, Weitergabe oder zwecks Weitergabe vorgenommene Sammlung von Tatsachen, die der Verkündung nicht unterliegen, durch einen Beamten ziehen nach sich: Freiheitsentziehung bis zu drei Jahren oder die in § 112 Abs. 2 aufgeführten Maßnahmen des sozialen Schutzes.

Viertes Kapitel.

Die Verletzung der Bestimmungen über die Trennung von Kirche und Staat.

§ 122. Die Erteilung von Religionsunterricht an Kinder oder Minderjährige in staatlichen oder privaten Lehranstalten und Schulen oder unter Verletzung der hierfür erlassenen Bestimmungen zieht Zwangsarbeit bis zu einem Jahr nach sich.

§ 123. Die Vornahme von täuschenden Handlungen in der Absicht, bei den Massen der Bevölkerung Aberglauben zu erregen und sich auf diese Weise Vorteile irgendwelcher Art zu verschaffen, zieht nach sich: Zwangsarbeit bis zu einem Jahr, verbunden mit teilweiser Vermögenskonfiskation, oder Geldstrafe bis zu fünfhundert Rubeln.

§ 124. Die Zwangserhebung von Abgaben zugunsten von kirchlichen oder religiösen Gruppen zieht nach sich: Zwangsarbeit bis zu sechs Monaten oder Geldstrafe bis zu dreihundert Rubeln.

§ 125. Die Anmaßung von administrativen, gerichtlichen oder sonstigen öffentlich-rechtlichen Funktionen und Rechten juristischer Personen durch religiöse oder kirchliche Organisationen zieht nach sich: Zwangsarbeit bis zu sechs Monaten oder Geldstrafe bis zu dreihundert Rubeln.

§ 126. Die Vornahme religiöser Kulthandlungen in staatlichen Behörden oder Unternehmungen sowie das Anbringen von religiösen Abbildungen jeglicher Art in diesen Behörden oder Unternehmungen zieht nach sich: Zwangsarbeit bis zu drei Monaten oder Geldstrafe bis zu dreihundert Rubeln.

§ 127. Die Behinderung der Ausübung religiöser Kulthandlungen zieht, soweit diese nicht die öffentliche Ordnung stören und nicht mit einem Eingriff in die Rechte der Bürger verbunden sind, Zwangsarbeit bis zu sechs Monaten nach sich.

Fünftes Kapitel.

Wirtschaftsverbrechen.

§ 128. Das auf einer nachlässigen oder gewissenlosen Einstellung zu dem ihnen anvertrauten Geschäft beruhende unwirtschaftliche Verhalten von Personen, die an der Spitze von staatlichen oder öffentlichen Behörden oder Unternehmungen stehen, oder deren Bevollmächtigter, zieht, wenn es eine Verschleuderung oder einen unersetzbaren Schaden für das Vermögen der Behörden oder Unternehmungen zur Folge hat, nach sich: Freiheitsentziehung bis zu zwei Jahren oder Zwangsarbeit bis zu einem Jahr.

§ 129. Die Veruntreuung von staatlichem oder öffentlichem Vermögen, insbesondere mittels Abschlusses von unvorteilhaften Verträgen durch den Leiter einer staatlichen oder öffentlichen Behörde oder Unternehmung, begangen auf Verabredung mit den Kontrahenten dieser Behörden oder Unternehmungen, zieht nach sich: Freiheitsentziehung nicht unter einem Jahr, verbunden mit völliger oder teilweiser Vermögenskonfiskation oder ohne solche.

§ 129a[1]). Die Gründung und die Leitung der Tätigkeit von Scheingenossenschaften, d. h. solchen Organisationen, die sich in die Form einer Genossenschaft kleiden, um in den Genuß der den Genossenschaften eingeräumten Vorteile und Vorrechte zu gelangen, in Wahrheit jedoch Privatunternehmungen darstellen und dem Interesse der in ihnen maßgeblich vertretenen kapitalistischen Elemente dienen, ziehen nach sich: Freiheitsentziehung bis zu fünf Jahren, verbunden mit völliger oder teilweiser Vermögenskonfiskation.

§ 130. Die Verschwendung von vertragsmäßig überlassenem staatlichen oder öffentlichen Vermögen durch einen Pächter oder einen Bevollmächtigten einer juristischen Person zieht nach sich: Freiheitsentziehung nicht unter sechs Monaten, verbunden mit Auflösung des Vertrages und völliger oder teilweiser Vermögenskonfiskation.

§ 131. Die Nichterfüllung von Verpflichtungen aus Verträgen mit einer staatlichen oder öffentlichen Behörde oder Unternehmung zieht, wenn sich im Zivilprozeß der böswillige Charakter der Nichterfüllung herausstellt, nach sich: Freiheitsentziehung nicht unter sechs Monaten, verbunden mit völliger oder teilweiser Vermögenskonfiskation.

§ 132. Die Begehung der in den §§ 128—131 dieses Gesetzbuchs vorgesehenen Handlungen zieht, wenn sie während des Krieges oder anläßlich der Lieferung von Ausrüstungsgegenständen an die Rote Armee und Flotte begangen werden und zur Minderung ihrer Kampffähigkeit führen können, Freiheitsentziehung nicht unter zwei Jahren nach sich.

§ 133. Die Verletzung von Gesetzen, die das Arbeitsverhältnis, den Schutz der Arbeit und die Sozialversicherung regeln, durch einen privaten Arbeitgeber oder entsprechende Organe staatlicher oder öffentlicher Behörden oder Unternehmungen zieht nach sich: Zwangsarbeit bis zu sechs Monaten oder Geldstrafe bis zu dreihundert Rubeln.

Wenn diese Verletzung sich gegen eine Mehrheit von mindestens drei Arbeitern richtet und gegenüber jedem einzelnen in gleicher Weise und gleichzeitig begangen wird, so zieht sie nach sich: Freiheitsentziehung oder Zwangsarbeit bis zu einem Jahr oder Geldstrafe bis zu zehntausend Rubeln.

Die die Arbeitsschutz-Bestimmungen verletzende Verwendung eines Arbeiters unter Arbeitsbedingungen, bei denen dieser seine Arbeitsfähigkeit verloren hat oder verlieren konnte, zieht nach sich: Freiheits-

---

[1]) S. Nachtrag III (S. 68).

entziehung bis zu zwei Jahren oder Zwangsarbeit bis zu einem Jahr oder Geldstrafe bis zu fünfhundert Rubeln.

Die Verletzung der von den örtlichen Staatsorganen als Zwangsbestimmungen, von dem Volkskommissariat für Arbeit in der Form von Beschlüssen, Anweisungen und Instruktionen erlassenen Vorschriften über Arbeitsschutz und über Sicherheit, Gesundheitsschutz und Hygiene in den gewerblichen Betrieben zieht nach sich: Zwangsarbeit bis zu einem Monat oder Geldstrafe bis zu hundert Rubeln. Die Verhängung dieser Maßnahmen erfolgt im Verwaltungsverfahren.

§ 134. Die Verletzung der mit einer Gewerkschaft geschlossenen Kollektivverträge, Tarif- und Schlichtungsabkommen durch den Arbeitgeber zieht, wenn im gerichtlichen oder im Schlichtungsverfahren der böswillige Charakter der Verletzung dargetan ist, die im ersten und zweiten Absatz des § 133 bezeichneten Maßnahmen nach sich.

§ 135. Die Behinderung der Betriebskomitees, der örtlichen Komitees, der Gewerkschaften oder deren Bevollmächtigten in der Ausübung der ihnen vom Gesetz vorgeschriebenen Tätigkeit zieht Freiheitsentziehung oder Zwangsarbeit bis zu einem Jahr oder Geldstrafe bis zu tausend Rubeln nach sich.

Sechstes Kapitel.

Verbrechen gegen das Leben, die Gesundheit und die Würde der Persönlichkeit.

§ 136. Die vorsätzliche Tötung zieht Freiheitsentziehung bis zu zehn Jahren nach sich, wenn sie begangen wird:

a) aus Eigennutz, Eifersucht (sofern nicht die Tatbestandsmerkmale des § 138 vorliegen) oder aus anderen niedrigen Beweggründen,

b) von einer Person, die schon vorher wegen vorsätzlicher Tötung oder Körperverletzung zur Verantwortung gezogen worden ist und die vom Gericht verhängte Maßnahme des sozialen Schutzes verbüßt hat,

c) auf eine das Leben vieler Menschen gefährdende oder für den Getöteten besonders quälende Weise,

d) in der Absicht, ein anderes schweres Verbrechen zu verbergen oder seine Begehung zu erleichtern,

e) von einer Person, der eine besondere Sorge für den Getöteten oblag, oder

f) unter Ausnutzung der Hilflosigkeit des Getöteten.

§ 137. Die vorsätzliche Tötung, die ohne die im § 136 bezeichneten Merkmale begangen wird, zieht Freiheitsentziehung bis zu acht Jahren nach sich.

§ 138. Die vorsätzliche Tötung, die im Zustand einer durch Anwendung von Gewalt oder schwere Beleidigung seitens des Verletzten plötzlich hervorgerufenen heftigen seelischen Erregung begangen wird, zieht nach sich: Freiheitsentziehung bis zu fünf Jahren oder Zwangsarbeit bis zu einem Jahr.

wenn er es beantragt oder ein dienstliches Bedürfnis dafür besteht. [2] Ohne seine Zustimmung ist eine Versetzung in ein anderes Amt nur zulässig, wenn das neue Amt derselben oder einer gleichwertigen Laufbahn angehört wie das bisherige Amt und mit mindestens gleich hohem Endgrundgehalt verbunden ist. [3] Ruhegehaltfähige und unwiderrufliche Stellenzulagen gelten hierbei als Bestandteile des Grundgehalts. [4] Beim Wechsel der Verwaltung soll der Beamte gehört werden.*

II Mittelbare Reichsbeamte auf Lebenszeit kann der zuständige Reichsminister unter den Voraussetzungen des Abs. 1 Satz 2 und 3 in den Dienstbereich eines anderen Dienstherrn versetzen, wenn der bisherige und der neue Dienstherr zustimmen.

III Beamte, die Reichsleiter, Gauleiter, Kreisleiter oder Ortsgruppenleiter der Nationalsozialistischen Deutschen Arbeiterpartei oder Führer von Standarten oder höheren Einheiten der SA, SS oder des NSKK sind, sollen nur im Benehmen mit dem *Stellvertreter des Führers*** versetzt werden.

Abschnitt V. Sicherung der rechtlichen Stellung der Beamten

1. Fürsorge und Schutz

§ 36. Der Staat gewährt dem Beamten Fürsorge*** und Schutz bei seinen amtlichen Verrichtungen und in seiner Stellung als Beamter.

2. Amtsbezeichnung

§ 37. I [1] Der **Führer und Reichskanzler** setzt die Amtsbezeichnungen der Beamten fest, wenn gesetzlich nichts anderes vorgeschrieben ist oder er die Ausübung dieses Rechts nicht anderen Stellen überträgt.†

II **[Amtsbezeichnungen im und außer Dienst]** [1] Der Beamte führt im Dienst seine Amtsbezeichnung; er darf sie auch außerhalb des Dienstes führen, nach Versetzung in den Wartestand mit dem Zusatz „zur Dienstverwendung (z. D.)". [2] Neben der Amtsbezeichnung darf der Beamte nur staatlich verliehene Titel und akademische Grade, dagegen keine Berufsbezeichnung führen. [3] Nach dem Uebertritt in ein anderes Amt darf der Beamte die bisherige Amtsbezeichnung nicht mehr führen. [4] Beamte im Ruhestande dürfen die ihnen bei der Versetzung in den Ruhestand zustehende Amtsbezeichnung mit dem Zusatz „außer Dienst (a. D.)" und die im Zusammenhang mit dem Amte verliehenen Titel weiterführen. [5] Wartestandsbeamte und Ruhestandsbeamte, denen ein neues Amt übertragen wird, erhalten die Amtsbezeichnung des neuen Amts; gehört das Amt nicht einer Besoldungsgruppe mit mindestens demselben Endgrundgehalt (§ 35 Abs. 1 Satz 3) an wie das bisherige Amt, so dürfen sie neben der neuen Amtsbezeichnung die des früheren Amts mit dem Zusatz „außer Dienst (a. D.)" führen. [6] Aendert sich die Bezeichnung des früheren Amts, so darf die geänderte Amtsbezeichnung geführt werden. [7] Einem entlassenen Beamten kann die oberste Dienstbehörde die Erlaubnis erteilen, die Amtsbezeichnung mit dem Zusatz „außer Dienst (a. D.)" sowie die im Zusammenhang mit dem Amte verliehenen Titel zu führen.

III **[Uniform]** Die oberste Dienstbehörde kann einem entlassenen oder in den

* Uebertritt eines Reichsjustizbeamten in den Dienst einer anderen Reichsverwaltung oder einer Landesverwaltung: AV d. RJM vom 14. August 1937 (D. Justiz S. 1247).

** Jetzt „Leiter der Partei-Kanzlei", Erlaß d. Führers vom 29. Mai 1941 (RGBl. I S. 295; DVO 1942 I S. 35).

*** Bewilligung von Beihilfen (Notstandsbeihilfen): Erlasse des RFinM vom 11. Dezember 1928 (RBesBl. S. 197, Sonderveröff. Nr. 9 der D. Justiz Abschn. III S. 10) und 14. Mai 1941 (RBesBl. 143, D. Justiz S. 684).

† Dies hat der Führer für die Beamten der Gemeinden, der Gemeindeverbände und der gemeindlichen Zweckverbände durch den Erlaß vom 16. Juni 1938 (RGBl. I S. 787) getan.

5. Dienstzeugnis

§ 41. Dem Beamten wird nach Eintritt in den Wartestand oder nach Beendigung des Beamtenverhältnisses auf Antrag von seinem letzten Dienstvorgesetzten ein Dienstzeugnis über die Art und Dauer der von ihm bekleideten Aemter erteilt.

6. Verhältnis zum Dienstvorgesetzten

§ 42. I 1 Zwischen dem Beamten und seinem Dienstvorgesetzten sollen Offenheit und Vertrauen herrschen. 2 Der Beamte muß über Beschwerden und Behauptungen tatsächlicher Art, die ihm nachteilig werden können, gehört werden, wenn es sich nicht um dienstliche Urteile über seine Person, seine Kenntnisse und Leistungen handelt.

II 1 Der Beamte hat seine Anträge und Beschwerden auf dem Dienstwege vorzubringen. 2 Glaubt er dienstliche Vorgänge zu beobachten, die der Nationalsozialistischen Deutschen Arbeiterpartei schaden könnten, so hat er sie ebenfalls auf dem Dienstwege zu melden; will er seine Beobachtungen nicht auf dem Dienstwege vorbringen, so darf er sie nur seiner obersten Reichsbehörde unmittelbar oder dem Führer und Reichskanzler melden*. 3 Für Beschwerden persönlicher Art muß der Dienstweg innegehalten werden.

1937 (RBesBl. S. 184); Militäranwärter usw.: AV d. RJM vom 20. März 1939 (D. Justiz S. 508, Aend. S. 1693).

Kriegsvereinfachungen im Reise- und Umzugskostenrecht: AVen d. RJM vom 15. März 1941 (D. Justiz S. 370), 6. Februar, 14. April, 9. Mai und 7. Dezember 1942 (D. Justiz S. 116 258, 329, 797).

* Hierzu Erlasse des Führers und Reichskanzlers vom 20. Juli und 1. Dezember 1937 (RGBl. I S. 875, 1317) mit RdErl. d. RuPrMdJ vom 23. Oktober 1937 (RMBliV S. 1699, D. Justiz S. 1760) und AV d. RJM vom 22. Dezember 1937 (D. Justiz 1938 S. 27).

§ 139. Die fahrlässige Tötung sowie die Tötung, die durch Überschreitung der Schranken der Notwehr begangen wird, ziehen nach sich: Freiheitsentziehung bis zu drei Jahren oder Zwangsarbeit bis zu einem Jahr.

§ 140. Die Abtreibung der Leibesfrucht, die zwar mit Einwilligung der Mutter, aber entweder von Personen, die die hierzu erforderlich medizinische Ausbildung nicht erhalten haben, oder unter gesundheitswidrigen Umständen vorgenommen wird, zieht nach sich: Freiheitsentziehung oder Zwangsarbeit bis zu einem Jahr oder Geldstrafe bis zu fünfhundert Rubeln.

Wird die Abtreibung unter den im ersten Absatz dieses Paragraphen bezeichneten Voraussetzungen gewerbsmäßig oder ohne Einwilligung der Mutter vorgenommen, oder hat sie deren Tod zur Folge, so zieht sie Freiheitsentziehung bis zu fünf Jahren nach sich.

§ 141. Die Herbeiführung des Selbstmordes oder eines Selbstmordversuchs einer sich in materieller oder sonstiger Abhängigkeit vom Täter befindlichen Person durch grausame Behandlung dieser Person oder auf ähnliche Weise zieht Freiheitsentziehung bis zu fünf Jahren nach sich.

Die Verleitung eines Minderjährigen oder einer Person, die — wie der Täter weiß — unfähig ist, das Wesen oder die Bedeutung ihres Tuns einzusehen oder selbständig zu handeln, zum Selbstmord oder die Mitwirkung hierzu zieht, wenn es zum Selbstmord oder Selbstmordversuch kommt, Freiheitsentziehung bis zu drei Jahren nach sich.

§ 142. Die vorsätzliche schwere Körperverletzung, die den Verlust des Sehvermögens, des Gehörs oder irgendeines anderen Organs, eine dauernde Entstellung, Geisteskrankheit oder eine sonstige Gesundheitsschädigung, verbunden mit einer wesentlichen Minderung der Arbeitsfähigkeit, zur Folge hat, zieht Freiheitsentziehung bis zu acht Jahren nach sich.

Wenn eine solche Verletzung den Tod zur Folge hat, oder wenn sie auf eine quälende oder folternde Weise begangen wird, oder wenn sie als Folge der Zufügung systematischer, wenn auch leichter Verletzungen eintritt, so zieht sie Freiheitsentziehung bis zu zehn Jahren nach sich.

§ 143. Die vorsätzliche leichte Körperverletzung, die nicht lebensgefährlich ist, aber eine Gesundheitsschädigung zur Folge hat, zieht nach sich: Freiheitsentziehung oder Zwangsarbeit bis zu einem Jahr.

Die vorsätzliche leichte Körperverletzung, die keine Gesundheitsschädigung zur Folge hat, zieht nach sich: Zwangsarbeit bis zu sechs Monaten oder Geldstrafe bis zu dreihundert Rubeln.

§ 144. Die Körperverletzung, die unter die Merkmale des ersten Absatzes des § 143 fällt und unter dem Einfluß einer durch Anwendung von Gewalt oder schwere Beleidigung seitens des Verletzten plötzlich hervorgerufenen heftigen seelischen Erregung begangen wird, zieht nach sich: Zwangsarbeit bis zu sechs Monaten oder Geldstrafe bis zu dreihundert Rubeln.

§ 145. Die fahrlässige Körperverletzung zieht, wenn sie als Folge der bewußten Nichtbeobachtung der durch Gesetz oder Verordnungen der Obrigkeit erlassenen Schutzvorschriften eintritt und die in den §§ 142 und 143 Absatz 1 bezeichneten Folgen hat, nach sich: Zwangsarbeit bis zu einem Jahre oder Geldstrafe bis zu fünfhundert Rubeln.

Die fahrlässige Körperverletzung, die keine schwere Folgen hat, zieht nach sich: Zwangsarbeit bis zu sechs Monaten oder Geldstrafe bis zu dreihundert Rubeln.

§ 146. Die vorsätzliche Zufügung von Schlägen, Prügeln oder anderen Gewalttätigkeiten, die einen körperlichen Schmerz verursachen, zieht nach sich: Zwangsarbeit bis zu sechs Monaten oder Geldstrafe bis zu dreihundert Rubeln.

Wenn diese Handlungen den Charakter einer anhaltenden Mißhandlung tragen, so ziehen sie Freiheitsentziehung bis zu drei Jahren nach sich.

§ 147. Die gewaltsame ungesetzliche Freiheitsberaubung zieht nach sich: Freiheitsentziehung oder Zwangsarbeit bis zu einem Jahr.

Wird die Freiheitsberaubung auf eine für das Leben oder die Gesundheit des der Freiheit Beraubten gefährliche Weise oder unter Zufügung körperlicher Schmerzen begangen, so zieht sie Freiheitsentziehung bis zu zwei Jahren nach sich.

§ 148. Die Unterbringung eines Menschen, von dem der Täter weiß, daß er gesund ist, in ein Krankenhaus für Geisteskranke aus eigennützigen oder sonstigen persönlichen Beweggründen zieht Freiheitsentziehung bis zu drei Jahren nach sich.

§ 149. Der Raub, die Verheimlichung oder Vertauschung eines fremden Kindes in eigennütziger Absicht, aus Rachsucht oder sonstigen persönlichen Beweggründen zieht Freiheitsentziehung bis zu drei Jahren nach sich.

§ 150. Die Ansteckung eines anderen mit einer Geschlechtskrankheit im Bewußtsein, an einer solchen Krankheit zu leiden, zieht Freiheitsentziehung bis zu drei Jahren nach sich.

Die wissentliche Herbeiführung der Gefahr einer Ansteckung mit einer Geschlechtskrankheit für einen anderen durch Geschlechtsverkehr oder sonstige Handlungen zieht nach sich: Freiheitsentziehung oder Zwangsarbeiten bis zu sechs Monaten.

§ 151. Der Geschlechtsverkehr mit Personen, die die Geschlechtsreife noch nicht erreicht haben, zieht, wenn er mit Defloration oder Befriedigung des Geschlechtstriebes in widernatürlichen Formen verbunden ist, Freiheitsentziehung bis zu acht Jahren nach sich.

Der Geschlechtsverkehr mit Personen, die die Geschlechtsreife noch nicht erreicht haben, ohne die bezeichneten erschwerenden Merkmale zieht Freiheitsentziehung bis zu drei Jahren nach sich.

§ 152. Die Verführung von Kindern und Minderjährigen durch Verübung unzüchtiger Handlungen an ihnen zieht Freiheitsentziehung bis zu fünf Jahren nach sich.

§ 153. Der Geschlechtsverkehr unter Anwendung von physischer Gewalt, Drohungen, Einschüchterung oder unter betrügerischer Ausnutzung der hilflosen Lage der verletzten Person (Notzucht) zieht Freiheitsentziehung bis zu fünf Jahren nach sich.

Hat die Notzucht den Selbstmord der verletzten Person zur Folge, oder wird sie an einer Person, die die Geschlechtsreife noch nicht erreicht hat, oder wird sie von mehreren gemeinsam verübt, so zieht sie Freiheitsentziehung bis zu acht Jahren nach sich.

§ 154. Die Nötigung einer Frau zum Geschlechtsverkehr oder zur Befriedigung des Geschlechtstriebes in einer anderen Form durch eine Person, von der die Frau materiell oder dienstlich abhängig ist, zieht Freiheitsentziehung bis zu fünf Jahren nach sich.

§ 155. Der Zwang zur Prostitution, die Kuppelei, die Unterhaltung von Lasterhöhlen sowie das Anwerben von Frauen zur Prostitution ziehen nach sich: Freiheitsentziehung bis zu fünf Jahren, verbunden mit völliger oder teilweiser Vermögenskonfiskation.

§ 156. Das wissentliche Imstichlassen einer in lebensgefährlichem Zustand befindlichen Person, die infolge jugendlichen Alters, Gebrechlichkeit oder überhaupt infolge ihrer Hilfslosigkeit der Möglichkeit beraubt ist, Selbsterhaltungsmaßnahmen zu ergreifen, zieht in den Fällen, in denen der Täter zur Sorge für den im Stich Gelassenen verpflichtet und zur Hilfeleistung in der Lage ist, Zwangsarbeit bis zu sechs Monaten oder Geldstrafe bis zu dreihundert Rubeln nach sich.

§ 156[1]. Die Nichterweisung von Hilfe seitens des Schiffskapitäns gegenüber einem auf hoher See oder auf einer sonstigen Wasserstraße Ertrinkenden zieht, wenn die Hilfeleistung ohne ernstliche Gefahr für das Schiff, die Mannschaft und die Passagiere möglich war, Freiheitsentziehung bis zu zwei Jahren nach sich.

§ 157. Die Nichterweisung von Hilfe gegenüber einem Kranken ohne triftigen Grund seitens einer Person, die zu einer solchen Hilfeleistung kraft Gesetzes oder besonderer Vorschrift verpflichtet ist, zieht Zwangsarbeit bis zu einem Jahr oder Geldstrafe bis zu dreihundert Rubeln nach sich.

Die Verweigerung ärztlicher Hilfeleistung seitens einer eine ärztliche Praxis ausübenden Person, zieht, wenn — wie diese wußte — die Verweigerung für den Kranken gefährliche Folgen haben konnte, nach sich: Freiheitsentziehung oder Zwangsarbeit bis zu einem Jahr oder Geldstrafe bis zu tausend Rubeln.

§ 158. Die böswillige Umgehung der Verpflichtung, die vom Gericht festgesetzten Beträge für den Unterhalt der Kinder zu zahlen, trotz Vorhandenseins der dazu erforderlichen Mittel zieht nach sich: Freiheitsentziehung bis zu sechs Monaten oder Geldstrafe bis zu dreihundert Rubeln.

Lassen die Eltern ihre minderjährigen Kinder ohne jegliche Unterstützung, oder nötigen sie ihre Kinder dazu, betteln zu gehen, so zieht dies die gleichen Maßnahmen des sozialen Schutzes nach sich.

§ 159. Die Beleidigung, die jemandem mündlich oder schriftlich zugefügt wird, zieht nach sich: Geldstrafe bis zu dreihundert Rubeln oder öffentlichen Tadel.

Die tätliche Beleidigung zieht nach sich: Zwangsarbeit bis zu zwei Monaten oder Geldstrafe bis zu dreihundert Rubeln.

§ 160. Die Beleidigung, die in verbreiteten oder öffentlich ausgestellten Erzeugnissen des Drucks oder bildlichen Darstellungen zugefügt wird, zieht nach sich: Zwangsarbeit bis zu sechs Monaten oder Geldstrafe bis zu dreihundert Rubeln.

§ 161. Die Verleumdung, d. h. die Verbreitung von wissentlich falschen, eine andere Person herabsetzenden Behauptungen zieht nach sich: Zwangsarbeit bis zu sechs Monaten oder Geldstrafe bis zu fünfhundert Rubeln.

Die Verleumdung in einer Druckschrift oder einer auf sonstige Weise hergestellten Vervielfältigung zieht nach sich: Zwangsarbeit bis zu einem Jahr oder Geldstrafe bis zu tausend Rubeln.

Siebentes Kapitel.
Verbrechen gegen das Vermögen.

§ 162. Die heimliche Entwendung fremder Vermögensgegenstände (Diebstahl) zieht nach sich:

a) wenn sie ohne Anwendung irgendwelcher technischer Hilfsmittel, zum ersten Mal und ohne Verabredung mit anderen Personen begangen wird: Freiheitsentziehung oder Zwangsarbeit bis zu drei Monaten;

wenn sie unter denselben Umständen, aber aus Not oder wegen Arbeitslosigkeit begangen wird, um die dringendsten eigenen Bedürfnisse oder die der Familie zu befriedigen: Zwangsarbeit bis zu drei Monaten;

b) wenn sie wiederholt oder bezüglich Vermögensgegenstände begangen wird, die — wie der Täter weiß — für die Existenz des Bestohlenen notwendig sind: Freiheitsentziehung bis zu sechs Monaten;

c) wenn sie unter Anwendung von technischen Hilfsmitteln oder wiederholt oder nach vorheriger Verabredung mit anderen Personen oder in Bahnhöfen, Hafenanlagen, Eisenbahnwagen, Gasthäusern oder auf Dampfschiffen begangen wird: Freiheitsentziehung bis zu einem Jahr;

d) wenn sie durch eine Privatperson aus staatlichen oder öffentlichen Lagerhäusern, Eisenbahnwagen, Schiffen oder sonstigen Aufbewahrungsorten erfolgt oder an den im vorhergehenden Absatz bezeichneten öffentlichen Orten unter Anwendung technischer Hilfsmittel oder auf Verabredung mit anderen Personen oder wiederholt begangen wird; ferner, wenn sie von einer Person, die eine besondere Zutrittserlaubnis zu diesen Lagerhäusern besitzt oder sie zu bewachen hat, oder während einer Feuersbrunst, eines Hochwassers oder eines sonstigen öffentlichen Notstandes begangen wird: Freiheitsentziehung bis zu zwei Jahren oder Zwangsarbeit bis zu einem Jahr;

e) wenn sie aus staatlichen oder öffentlichen Lagerhäusern oder Aufbewahrungsorten durch eine Person, die eine besondere Zutrittserlaubnis zu denselben besitzt oder sie zu bewachen hat, unter Anwendung technischer Hilfsmittel oder wiederholt oder auf Verabredung mit anderen Personen erfolgt: Freiheitsentziehung bis zu fünf Jahren. Die gleiche Maßnahme des sozialen Schutzes zieht jeder Diebstahl aus den vorbezeichneten Lagerhäusern und Aufbewahrungsorten bei besonders hohem Wert des Entwendeten nach sich.

Anmerkung: Der Diebstahl von Materialien und Werkzeugen, der in einer Fabrik oder einem Werk von einem Arbeiter oder Angestellten im Rahmen seiner Verrichtung zum erstenmal begangen wird, zieht, wenn der Wert des Entwendeten fünfzehn Rubel nicht übersteigt, eine Disziplinarmaßnahme nach einer besonderen vom Volkskommissariat der Arbeit aufgestellten Tabelle nach sich.

§ 163. Der Diebstahl elektrischer Energie zieht nach sich: Freiheitsentziehung bis zu einem Monat und Auferlegung der Pflicht, den angerichteten Schaden zu ersetzen.

§ 164. Der Ankauf von Vermögensgegenständen, die — wie der Täter weiß — gestohlen sind, zieht nach sich: Freiheitsentziehung oder Zwangsarbeit bis zu sechs Monaten oder Geldstrafe bis zu fünfhundert Rubeln.

Dieselben Handlungen ziehen, wenn sie gewerbsmäßig begangen werden, nach sich: Freiheitsentziehung bis zu drei Jahren, verbunden mit Vermögenskonfiskation.

§ 164a. Der Ankauf, die Aufbewahrung und der Verkauf von Schußwaffen (außer Jagd- und Kleinkaliberwaffen), die — wie der Täter weiß — gestohlen sind, sowie der dazugehörigen Munition ziehen Freiheitsentziehung bis zu fünf Jahren nach sich.

§ 165. Die offene Entwendung fremder Vermögensgegenstände in Anwesenheit der Person, die sie besitzt, benutzt oder verwaltet, (Plünderung) zieht, wenn sie ohne Gewaltanwendung begangen wird, Freiheitsentziehung bis zu einem Jahre nach sich.

Werden die gleichen Handlungen unter Gewaltanwendung begangen, so ziehen sie Freiheitsentziehung bis zu drei Jahren nach sich.

Werden die gleichen Handlungen von einer Mehrheit von Personen oder wiederholt begangen, so ziehen sie Freiheitsentziehung bis zu fünf Jahren nach sich.

§ 166. Die heimliche sowie offene Entwendung von Pferden oder anderem Großvieh das der werktätigen landbearbeitenden und viehzüchtenden Bevölkerung gehört, zieht Freiheitsentziehung bis zu fünf Jahren nach sich.

Werden die gleichen Handlungen wiederholt oder auf Grund einer Verabredung mit anderen Personen begangen, so ziehen sie Freiheitsentziehung bis zu acht Jahren nach sich.

§ 166a. Die heimliche oder offene Entwendung von Schußwaffen (außer Jagd- und Kleinkaliberwaffen) und der dazugehörigen Munition zieht, sofern diese Handlung nicht unter die in § 59^{3a} dieses Gesetzbuchs bezeichneten Merkmale fällt, Freiheitsentziehung bis zu fünf Jahren nach sich.

§ 167. Raub, d. h. der in der Absicht, sich fremde Vermögensstücke anzueignen, vorgenommene offene Überfall auf eine einzelne Person, der mit einer für ihr Leben oder ihre Gesundheit gefährlichen Gewaltanwendung verbunden ist, zieht Freiheitsentziehung bis zu fünf Jahren nach sich.

Werden die gleichen Handlungen wiederholt begangen oder haben sie den Tod oder eine schwere Verletzung des Betroffenen zur Folge, so ziehen sie Freiheitsentziehung bis zu zehn Jahren nach sich.

Bewaffneter Raub zieht Freiheitsentziehung bis zu zehn Jahren, bei besonders erschwerenden Umständen die schwerste Maßnahme des sozialen Schutzes nach sich.

§ 168. Die Aneignung, d. h. das Behalten von fremden Vermögensgegenständen, die zu einem besonderen Zweck anvertraut sind, in Bereicherungsabsicht oder die Vergeudung solcher Vermögensgegenstände ziehen Freiheitsentziehung bis zu zwei Jahren nach sich.

Die Aneignung eines Fundes zieht Freiheitsentziehung bis zu einem Monat nach sich.

§ 169. Der Vertrauensbruch oder die Täuschung, begangen in der Absicht, sich Vermögensgegenstände, Rechte auf solche oder sonstige persönliche Vorteile zu verschaffen (Betrug), ziehen Freiheitsentziehung bis zu zwei Jahren nach sich.

Betrug, der die Schädigung einer staatlichen oder öffentlichen Behörde zur Folge hat, zieht nach sich: Freiheitsentziehung bis zu fünf Jahren, verbunden mit völliger oder teilweiser Vermögenskonfiskation.

§ 169a. Die Ausstellung eines Schecks, dessen Uneinlösbarkeit dem Aussteller bekannt ist, die Sperrung des Schecks durch den Aussteller ohne zureichenden Grund oder die Vornahme irgendwelcher anderer Maßnahmen durch den Aussteller, die die Auszahlung des Scheckbetrages an den Scheckinhaber verhindern sollen, sowie die Weitergabe eines Schecks durch den Scheckinhaber trotz Kenntnis von der Uneinlösbarkeit des Schecks ziehen Freiheitsentziehung bis zu zwei Jahren nach sich.

Haben die gleichen Handlungen die Schädigung einer staatlichen oder öffentlichen Behörde oder Unternehmung zur Folge, so ziehen sie Freiheitsentziehung bis zu fünf Jahren nach sich.

§ 170. Die Fälschung von offiziellen Schriftstücken, Urkunden oder Empfangsbestätigungen in Bereicherungsabsicht zieht nach sich: Freiheitsentziehung oder Zwangsarbeit bis zu einem Jahr oder Geldstrafe bis zu tausend Rubeln.

§ 171. Die in Bereicherungsabsicht vorgenommene betrügerische Veränderung von Gegenständen, die zum Verkauf oder Gemeingebrauch bestimmt sind, in ihrem Äußeren oder in ihren Eigenschaften zieht, wenn diese Veränderung die Zufügung einer Gesundheitsschädigung zur Folge hat oder haben konnte, ebenso wie der Verkauf derart veränderter Gegenstände, nach sich: Freiheitsentziehung bis zu einem Jahr, verbunden mit teilweiser Vermögenskonfiskation und Entziehung der Handelserlaubnis, oder Geldstrafe bis zu eintausend Rubeln.

§ 172. Die Herstellung oder Aufbewahrung eines gefälschten Eichstempels in der Absicht, ihn zu veräußern, die Stempelung von Fabrikaten oder Barren aus Gold, Silber oder Platin mit einem solchen Stempel, die Anbringung von Stempeln oder Warenzeichen, die dem Eichstempel ähnlich sind, auf Fabrikaten aus anderen Metallen, sowie der Verkauf der bezeichneten Fabrikate ziehen nach sich: Freiheitsentziehung bis zu zwei Jahren oder Zwangsarbeit bis zu einem Jahr, in beiden Fällen verbunden mit der Einziehung der gefälschten Fabrikate und Stempel.

§ 173. Der Wucher, d. h. das Zinsennehmen für geliehene Gelder oder Vermögensgegenstände in einer Höhe, die den durch Gesetz festgelegten Darlehnszinsfuß übersteigt, insbesondere mittels Einbeziehung der Zinsen in die Darlehnssumme selbst oder Zurückbehaltung einer einmaligen Entschädigung aus der vom Entleiher erhaltenen Summe oder Festsetzung einer Konventionalstrafe für den Fall des Verzuges bei der Darlehnstilgung oder in sonstigen verdeckten Formen zieht nach sich: Freiheitsentziehung oder Zwangsarbeit bis zu einem Jahr oder Geldstrafe bis zu fünftausend Rubeln.

Werden die gleichen Handlungen gewerbsmäßig oder unter Ausnutzung der bedrängten Lage des Entleihers begangen, so ziehen sie nach sich: Freiheitsentziehung bis zu zwei Jahren, verbunden mit teilweiser Vermögenskonfiskation oder ohne solche oder verbunden mit Geldstrafe bis zu zehntausend Rubeln.

Die Überlassung von Arbeitsgeräten und Vieh zur Nutznießung gegen eine Geld- oder Naturalentschädigung oder unter der Bedingung des Abarbeitens zieht, wenn hierbei unter Ausnutzung der Not oder der bedrängten Lage des Nutznießers der in der betreffenden Gegend übliche Entschädigungssatz offensichtlich überschritten wird, Freiheitsentziehung bis zu einem Jahr nach sich.

§ 174. Die Erpressung, d. h. das Fordern irgendwelcher Vermögensvorteile oder Vermögensrechte oder der Vornahme irgendwelcher Handlungen vermögensrechtlicher Natur unter der Drohung, andernfalls Gewalt gegen die Person des Verletzten anzuwenden, ehrenrührige Tatsachen über ihn zu verbreiten oder ihm gehörige Vermögenswerte zu zerstören, zieht Freiheitsentziehung bis zu drei Jahren nach sich.

§ 175. Die vorsätzliche Vernichtung oder Beschädigung von Vermögensgegenständen, die Privatpersonen gehören, ziehen nach sich: Freiheitsentziehung oder Zwangsarbeit bis zu sechs Monaten oder Geldstrafe bis zu fünfhundert Rubeln.

Werden die gleichen Handlungen durch Brandstiftung, Herbeiführung einer Überschwemmung oder auf eine sonstige gemeingefährliche Weise begangen, so ziehen sie Freiheitsentziehung bis zu fünf Jahren nach sich.

Haben die gleichen Handlungen Menschenopfer oder einen öffentlichen Notstand zur Folge, so ziehen sie Freiheitsentziehung bis zu zehn Jahren nach sich.

§ 176. Das Nichtergreifen der zur Rettung des anderen Schiffes notwendigen Maßnahmen durch den Kapitän eines auf hoher See mit einem anderen zusammengestoßenen Schiffes zieht, insoweit diese Maßnahmen ohne ernsthafte Gefährdung der eigenen Passagiere, Schiffsmannschaft und des eigenen Schiffes ergriffen werden konnten, unbeschadet der Verantwortlichkeit für die Nichterweisung von Hilfe gegenüber der Schiffsmannschaft und den Passagieren des in Not geratenen Schiffes (§ 156[1]) nach sich: Freiheitsentziehung oder Zwangsarbeit bis zu einem Jahr oder Geldstrafe bis zu fünfhundert Rubeln.

§ 177. Die unbefugte Ausnutzung einer Erfindung unter Verletzung der gesetzlichen Bestimmungen über Erfindungspatente sowie die unbefugte Nutznießung an literarischen, musikalischen und sonstigen künstlerischen oder wissenschaftlichen Werken unter Verletzung des Urheberrechtes ziehen nach sich: Zwangsarbeit bis zu drei Monaten oder Geldstrafe bis zu tausend Rubeln.

§ 178. Die unbefugte Benutzung fremder Waren-, Fabrik- oder Gewerbezeichen, fremder Zeichnungen oder Modelle sowie fremder Firmennamen oder Benennungen zu Zwecken unlauteren Wettbewerbs zieht nach sich: Zwangsarbeit bis zu sechs Monaten oder Geldstrafe bis zu dreitausend Rubeln.

Achtes Kapitel.

Die Verletzung der Bestimmungen zum Schutz der Volksgesundheit, der öffentlichen Sicherheit und Ordnung.

§ 179. Die Herstellung, Aufbewahrung und der Verkauf von stark wirkenden Mitteln durch Personen, die eine besondere Erlaubnis hierzu nicht besitzen, ziehen nach sich: Zwangsarbeit bis zu sechs Monaten oder Geldstrafe bis zu tausend Rubeln.

§ 180. Die berufsmäßige Ausübung der Heilkunde durch Personen, die über eine gehörig beglaubigte medizinische Ausbildung nicht verfügen, sowie die Ausübung einer solchen Art medizinischer Praxis, zu der der sie ausübende Mediziner nicht berechtigt ist, ziehen nach sich: Zwangsarbeit bis zu sechs Monaten oder Geldstrafe bis zu fünfhundert Rubeln.

§ 181. Die Verletzung der zur Bekämpfung von Seuchen erlassenen besonderen Bestimmungen zum Schutz der Volksgesundheit zieht nach sich: Zwangsarbeit bis zu sechs Monaten oder Geldstrafe bis zu fünfhundert Rubeln.

§ 182. Die Herstellung, Aufbewahrung, der Kauf und Verkauf von Sprengstoffen oder Geschossen sowie die Aufbewahrung einer nicht für den Jagdgebrauch bestimmten Schußwaffe ohne die dazu erforderliche Erlaubnis ziehen nach sich: Zwangsarbeit bis zu sechs Monaten oder Geldstrafe bis zu tausend Rubeln, in jedem Falle verbunden mit der Einziehung der bezeichneten Stoffe, Geschosse oder Waffen.

Der Versand von Sprengstoffen, leicht entzündlichen Stoffen und Gegenständen wie Pulver, Patronen u. ä. m. sowie von ätzenden Säuren und anderen ätzenden Stoffen durch die Post zieht nach sich: Zwangsarbeit bis zu sechs Monaten oder Geldstrafe bis zu tausend Rubeln, verbunden mit Einziehung der Postsendung.

§ 183. Das widerrechtliche Tragen des Roten oder Arbeiterordens sowie der Abzeichen des Roten Kreuzes oder Roten Halbmondes zieht nach sich: Zwangsarbeit bis zu drei Monaten oder Geldstrafe bis zu dreihundert Rubeln, verbunden mit Einziehung der bezeichneten Orden und Abzeichen.

§ 184. Die Unterlassung der Angabe des Namens oder Heimathafens sowie des Abgangs- oder Bestimmungshafens des eigenen Schiffes durch den Kapitän an ein anderes Schiff, mit dem ein Zusammenstoß erfolgt ist, trotz vorhandener Möglichkeit, diese Angaben zu machen, zieht nach sich: Zwangsarbeit bis zu drei Monaten oder Geldstrafe bis zu dreihundert Rubeln.

§ 185. Die Verletzung der für die Vervielfältigung und Veröffentlichung von Erzeugnissen des Druckes erlassenen Bestimmungen sowie der Bestimmungen über Lichtspielzensur zieht nach sich: Zwangsarbeit bis zu drei Monaten oder Geldstrafe bis zu dreihundert Rubeln.

§ 186. Die Verletzung der Bestimmungen über die Aufbewahrung von Urkunden und Geschäftspapieren, die der Stempelsteuer unterliegen, der Vorschriften über die Aufbewahrung von Geschäftsbüchern sowie die Nichtvorlegung von Urkunden, Schriftstücken und Büchern gegenüber den eine Stempelsteuerrevision vornehmenden Beamten ziehen nach sich: Zwangsarbeit bis zu drei Monaten oder Geldstrafe bis zu dreihundert Rubeln.

§ 187. Wissentlich falsche Angaben in an staatliche Behörden oder Beamte gerichteten Erklärungen, in gesetzlich vorgeschriebenen Erklärungen bei der Registrierung von Handels-, Industrie-, Wohn- oder sonstigen Genossenschaften und Gesellschaften u. dgl. m. ziehen nach sich: Zwangsarbeit bis zu drei Monaten oder Geldstrafe bis zu dreihundert Rubeln.

Die Verletzung der Bestimmungen über öffentliche Rechnungslegung zieht die gleichen Maßnahmen des sozialen Schutzes nach sich.

§ 188. Die Verheimlichung von Sammlungen und Denkmälern des Altertums und der Kunst, die der Registrierung, Inventaraufnahme oder Übergabe an staatliche Aufbewahrungsstätten unterliegen, zieht nach sich: Zwangsarbeit bis zu drei Monaten, verbunden mit der Einziehung der verheimlichten Vermögensgegenstände.

§ 189. Die Verletzung der Bestimmungen über die Aufstellung von Antriebsmotoren zieht nach sich: Zwangsarbeit bis zu drei Monaten oder Geldstrafe bis zu dreihundert Rubeln.

§ 190. Die Verletzung der Bestimmungen über die Eröffnung und den Betrieb von Druckereien, Lithographieanstalten u. dgl. m. zieht die gleichen Maßnahmen des sozialen Schutzes nach sich.

§ 191. Die Benutzung von privaten Radiostationen, die bestimmungswidrig oder unter Verletzung der Bedingungen, unter denen die Genehmigung erteilt ist, oder der Kontrollvorschriften der Organe des Volkskommissariates für Post- und Telegraphenwesen erfolgt, zieht nach sich: Geldstrafe bis zum fünffachen Wert der jährlich zu zahlenden oder einzuziehenden Benutzungsgebühren.

Die Errichtung einer solchen Station ohne die vorgeschriebene Registrierung oder Genehmigung oder die Benutzung einer solchen ohne Zahlung der Gebühren ziehen nach sich: Geldstrafe in gleicher Höhe, die im Verwaltungsverfahren aufzuerlegen ist.

§ 192. Die Verletzung der von den örtlichen Staatsorganen innerhalb ihrer gesetzlichen Zuständigkeit mit verbindlicher Kraft erlassenen Verordnungen sowie derjenigen Verordnungen, Anordnungen und Instruktionen einzelner Amtsstellen, die auf Grund einer Ermächtigung der gesetzgebenden Körperschaften ergehen, in der das Recht auf Anordnung von Verwaltungsstrafen ausdrücklich vorgesehen ist, zieht nach sich: Verwarnung oder Zwangsarbeit bis zu einem Monat oder Geldstrafe bis zu hundert Rubeln. Die Verhängung dieser Maßnahmen erfolgt im Verwaltungsverfahren.

Neuntes Kapitel.

Militärverbrechen.

§ 193[1]. Als Militärverbrechen gelten Verbrechen, die sich gegen die militärische Dienstordnung richten und von aktiven Militärpersonen und Reservisten der Roten Armee der Arbeiter und Bauern während ihres Dienstes in der Roten Armee der Arbeiter und Bauern sowie von Bürgern, die den in Kriegszeiten gebildeten Etappen- und Frontdienstkommandos angehören, begangen werden.

Als Militärverbrechen gelten auch diejenigen Vergehen gegen die Dienstordnung, die vom aktiven Bestand der dem Volkskommissariat für Verkehrsmittel unterstellten besonderen bewaffneten Formationen (Reserven) sowie von Angehörigen der militarisierten Schutz- und Feuerwehrmannschaften derjenigen Unternehmungen und Anlagen begangen werden, an denen ein besonderes staatliches Interesse besteht.

Anmerkung: Die Teilnahme an Militärverbrechen seitens Personen, die in diesem Paragraphen nicht erwähnt sind, zieht eine Verantwortlichkeit gemäß den entsprechenden Paragraphen des neunten Kapitels dieses Gesetzbuchs nach sich.

§ 193[2]. a) Die Nichterfüllung eines Dienstbefehls zieht nach sich: Freiheitsentziehung bis zu zwei Jahren.

b) Bei Vorliegen mildernder Umstände finden auf die gleiche Handlung die Bestimmungen der Disziplinarordnung der Roten Armee der Arbeiter und Bauern Anwendung.

c) Wird die gleiche Handlung von einer Mehrheit von Personen oder während des Kampfes begangen, oder hat sie besonders schwere Folgen, so zieht sie Freiheitsentziehung nicht unter einem Jahr nach sich.

d) Wird die gleiche Handlung während des Kampfes begangen und führt sie zu einer Schädigung der Kriegsoperationen, so zieht sie die schwerste Maßnahme des sozialen Schutzes nach sich.

§ 193³. a) Der Widerstand gegenüber einer Person, die die ihr durch den Militärdienst auferlegten Pflichten ausübt, zieht nach sich: Freiheitsentziehung bis zu drei Jahren.

b) Wird die gleiche Handlung von einer Mehrheit von Personen oder unter Anwendung von Gewalt oder Waffen oder während des Kampfes begangen, so zieht sie Freiheitsentziehung nicht unter drei Jahren nach sich.

c) Die im Absatz b) dieses Paragraphen vorgesehene Handlung zieht, wenn erschwerende Umstände vorliegen, die schwerste Maßnahme des sozialen Schutzes nach sich.

§ 193⁴. a) Die Nötigung einer ihre Militärdienstpflichten ausübenden Person zur Verletzung dieser Pflichten zieht Freiheitsentziehung nicht unter einem Jahre nach sich.

b) Wird die gleiche Handlung von einer Mehrheit von Personen oder unter Anwendung von Gewalt oder Waffen oder während des Kampfes begangen, so zieht sie Freiheitsentziehung nicht unter fünf Jahren nach sich.

c) Die im Absatz b) dieses Paragraphen vorgesehene Handlung zieht, wenn erschwerende Umstände vorliegen, die schwerste Maßnahme des sozialen Schutzes nach sich.

§ 193⁵. a) Die durch eine gewalttätige Handlung verübte Beleidigung eines Vorgesetzten[1]) durch einen Untergebenen oder eines Rangälteren durch einen Jüngeren in einem Zeitpunkt, in dem auch nur einer von ihnen seine Militärdienstpflichten ausübt, zieht Freiheitsentziehung nicht unter sechs Monaten nach sich.

b) Die unter den gleichen Umständen durch Worte oder eine nicht gewalttätige Handlung verübte Beleidigung, zieht Freiheitsentziehung bis zu sechs Monaten nach sich.

c) Auf die in Absatz b) dieses Paragraphen vorgesehene Handlung finden bei Vorliegen mildernder Umstände die Bestimmungen der Disziplinarordnung der Roten Armee der Arbeiter und Bauern Anwendung.

d) Werden die gleichen Handlungen unter den gleichen Umständen von einem Vorgesetzten gegenüber einem Untergebenen oder einem Rangälteren gegenüber einem Jüngeren begangen, so begründen sie eine Verantwortlichkeit nach den gleichen Grundsätzen.

§ 193⁶. a) Die Beleidigung in Fällen, in denen der Beleidiger und der Beleidigte zu den in § 193¹ bezeichneten Personen gehören, aber ein Subordinationsverhältnis oder Rangunterschied zwischen ihnen nicht besteht und sich auch nur einer von ihnen in Ausübung seiner Militär-

[1]) S. Nachtrag IV (S. 68).

dienstpflichten befindet, zieht nach sich: Freiheitsentziehung bis zu einem Jahr.

b) Bei Vorliegen mildernder Umstände finden auf die gleiche Handlung die Bestimmungen der Disziplinarordnung der Roten Armee der Arbeiter und Bauern Anwendung.

§ 193[7]. a) Das eigenmächtige Verlassen eines Truppenteils oder Dienstortes zieht, wenn die Abwesenheit länger als sechs, während Flottenkampagnen, Manöver, Übungs-, kurzfristiger, Wiederholungs- und Kontrollappelle länger als zwei Tage gedauert hat, Freiheitsentziehung bis zu einem Jahre nach sich.

b) Das eigenmächtige Verlassen eines Truppenteils oder Dienstortes in der Absicht, sich für längere Zeit oder dauernd der Erfüllung der Militärdienstpflichten zu entziehen, zieht, auch wenn die Abwesenheit vom Truppenteil oder Dienstort weniger als sechs (zwei) Tage gedauert hat, die gleiche Maßnahme des sozialen Schutzes nach sich.

c) Die in den Absätzen a) und b) dieses Paragraphen vorgesehenen Handlungen ziehen, wenn sie zum zweiten Mal oder mehr als zweimal ode: in Kriegszeiten, sei es auch zum ersten Mal, begangen werden, nach sich: Freiheitsentziehung nicht unter sechs Monaten, verbunden mit Vermögenskonfiskation oder ohne solche.

d) Die in den Absätzen a) und b) dieses Paragraphen vorgesehenen Handlungen ziehen, wenn sie in Kriegszeiten begangen werden und besonders erschwerende Umstände vorliegen, die schwerste Maßnahme des sozialen Schutzes, verbunden mit Vermögenskonfiskation nach sich.

e) Dic in den Absätzen a) und b) dieses Paragraphen vorgesehenen Handlungen ziehen, wenn sie von mittleren, höheren oder höchsten Vorgesetzten oder niederen Vorgesetzten im Zusatzdienst begangen werden, nach sich: Freiheitsentziehung nicht unter zwei Jahren, verbunden mit Vermögenskonfiskation oder ohne solche; während des Krieges die schwerste Maßnahme des sozialen Schutzes, verbunden mit Vermögenskonfiskation.

f) Werden die im Absatz a) dieses Paragraphen vorgesehenen Handlungen in Friedenszeiten zwar von einem Vorgesetzten, jedoch bei Vorliegen besonders mildernder Umstände begangen und dauert die eigenmächtige Abwesenheit nicht länger als zwölf (vier) Tage, so finden die Bestimmungen der Disziplinarordnung der Roten Armee der Arbeiter und Bauern Anwendung.

§ 193[8]. a) Das eigenmächtige Verlassen des Truppenteils oder Dienstorts ohne die Absicht, sich dauernd der Erfüllung der Militärdienstpflichten zu entziehen, zieht, wenn das Fernbleiben sechs (zwei) Tage nicht überschritten hat (»eigenmächtige Abwesenheit«), jedoch systematisch wiederholt worden ist, die in § 193[7] Absatz a) und c) vorgesehenen Maßnahmen des sozialen Schutzes nach sich.

b) Wird die gleiche Handlung von einem mittleren, höheren oder höchsten Vorgesetzten oder von einem niederen Vorgesetzten im Zusatzdienst begangen, so zieht sie die in § 193^{7} Absatz e) bezeichneten Maßnahmen des sozialen Schutzes nach sich.

Anmerkung. Die in § 193^{7} Absatz c) vorgesehene Maßnahme des sozialen Schutzes wird im Fall wiederholter Verurteilung wegen der im Absatz a) des vorliegenden Paragraphen vorgesehenen Handlung, während des Krieges oder nach vorausgegangener Verurteilung wegen der in § 193^{7} Absatz a), b) und d) vorgesehenen Handlungen auch im Fall erstmaliger Verurteilung wegen der bezeichneten Handlung angewandt.

§ 193^{9}. a) Das eigenmächtige Verlassen eines Truppenteils oder Dienstortes während des Kampfes zieht die schwerste Maßnahme des sozialen Schutzes, verbunden mit Vermögenskonfiskation, nach sich.

b) Bei Vorliegen mildernder Umstände zieht die gleiche Handlung nach sich: Freiheitsentziehung nicht unter drei Jahren, verbunden mit Vermögenskonfiskation oder ohne solche.

§ 193^{10}. a) Das ohne triftigen Grund nicht rechtzeitige Erscheinen zum Dienst bei einer Versetzung, einer Ernennung, von einem Auftrag oder aus dem Urlaub begründet eine Verantwortlichkeit gemäß den in den §§ 193^{7}, 193^{8} und 193^{9} aufgestellten Grundsätzen.

b) Das ohne triftigen Grund nicht rechtzeitige Erscheinen zu Appellen für Militärpersonen des Wechselbestandes der Territorialtruppenkörper der Kavallerie der Roten Armee der Arbeiter und Bauern, Militärpersonen, die den aktiven Militärdienst nicht im Heere absolvieren, und langfristig beurlaubte Militärpersonen begründet eine Verantwortlichkeit gemäß den gleichen Grundsätzen.

§ 193^{11}. a) Die Nichterfüllung der Pflicht, die den betreffenden Truppenkörpern zugeschriebenen eigenen Pferde mitzubringen, durch Militärpersonen des Wechselbestandes der Territorialtruppenkörper der Kavallerie der Roten Armee der Arbeiter und Bauern zieht Freiheitsentziehung bis zu sechs Monaten nach sich.

b) Bei Vorliegen mildernder Umstände finden auf die gleiche Handlung die Bestimmungen der Disziplinarordnung der Roten Armee der Arbeiter und Bauern Anwendung.

§ 193^{12}. a) Die Umgehung der Erfüllung von Militärdienstpflichten durch Selbstverletzung irgendwelcher Art, Simulierung einer Krankheit, Urkundenfälschung oder sonstige Täuschungsverfahren zieht Freiheitsentziehung bis zu drei Jahren nach sich.

b) Wird die gleiche Handlung im Kriege oder während des Kampfes begangen, so zieht sie die schwerste Maßnahme des sozialen Schutzes, verbunden mit Vermögenskonfiskation, nach sich.

c) Die durch den Absatz b) dieses Paragraphen vorgesehene Handlung zieht bei Vorliegen mildernder Umstände nach sich: Freiheitsentziehung nicht unter drei Jahren, verbunden mit Vermögenskonfiskation.

§ 193^{13}. Die Umgehung der Militärdienstpflichten, insbesondere unter dem Vorwand religiöser oder sonstiger Überzeugungen, zieht, wenn die Merkmale der durch die übrigen Paragraphen dieses Kapitels vorgesehenen Verbrechen nicht vorliegen, die in § 193^{2} vorgesehenen Maßnahmen des sozialen Schutzes nach sich.

§ 193^{14}. a) Die gesetzwidrige Veräußerung, Verpfändung oder Gebrauchsüberlassung von fiskalischen Montur- und Ausrüstungsstücken, die zu vorübergehender oder dauernder Benutzung ausgegeben sind (Vergeudung), die vorsätzliche Vernichtung oder Beschädigung dieser Gegenstände sowie die Verletzung der Bestimmungen über ihre Aufbewahrung ziehen Freiheitsentziehung bis zu einem Jahr nach sich.

b) Bei Vorliegen mildernder Umstände finden auf die gleichen Handlungen die Bestimmungen der Disziplinarordnung der Roten Armee der Arbeiter und Bauern Anwendung.

c) Werden die gleichen Handlungen in bezug auf Hieb- und Stechwaffen, Schußwaffen, Patronen oder Beförderungsmittel begangen, die zum Dienstgebrauch ausgegeben sind, so ziehen sie Freiheitsentziehung bis zu drei Jahren nach sich.

d) Werden die durch den Absatz a) dieses Paragraphen vorgesehenen Handlungen im Kriege oder während des Kampfes begangen, so ziehen sie Freiheitsentziehung nicht unter einem Jahr nach sich.

e) Werden die durch den Absatz c) dieses Paragraphen vorgesehenen Handlungen im Kriege oder während des Kampfes begangen, so ziehen sie nach sich: Freiheitsentziehung nicht unter drei Jahren; bei Vorliegen erschwerender Umstände die schwerste Maßnahme des sozialen Schutzes.

Anmerkung: Personen, die Gegenstände der in diesem Paragraphen bezeichneten Art annehmen, die ihnen — wie sie wissen — gesetzwidrig veräußert, verpfändet oder zu Gebrauch oder Aufbewahrung übergeben werden, sind als Teilnehmer verantwortlich.

§ 193^{15}. a) Die Verletzung der Bestimmungen über den Wacht- oder Geleitdienst sowie der in Ausgestaltung dieser Bestimmungen erlassenen Verfügungen zieht Freiheitsentziehung bis zu sechs Monaten nach sich.

b) Bei Vorliegen mildernder Umstände finden auf die gleiche Handlung die Bestimmungen der Disziplinarordnung der Roten Armee der Arbeiter und Bauern Anwendung.

c) Die Verletzung der Bestimmungen über den Wachtdienst, die bei der Bewachung von Waffen-, Munitions- oder Sprengstoffdepots sowie bei sonstigen Wachen von besonderer staatlicher oder militärischer Bedeutung begangen wird, zieht Freiheitsentziehung bis zu einem Jahr nach sich.

d) Führt die Verletzung der Bestimmungen über den Wacht- oder Geleitdienst zum Eintritt der schädlichen Folgen, zu deren Abwendung die betreffende Wache oder Eskorte eingesetzt war, so zieht sie Freiheitsentziehung nicht unter einem Jahr nach sich.

e) Die durch die Absätze c) und d) dieses Paragraphen vorgesehenen Handlungen ziehen, wenn sie während des Kampfes begangen werden, nach sich: Freiheitsentziehung nicht unter drei Jahren; bei Vorliegen erschwerender Umstände die schwerste Maßnahme des sozialen Schutzes.

§ 193[16]. a) Die Verletzung der Bestimmungen über den Innen-(Wacht)dienst durch eine Person, die zum Tagesdienst kommandiert ist (abgesehen von der Wache selbst), zieht nach sich: Freiheitsentziehung bis zu sechs Monaten.

b) Bei Vorliegen mildernder Umstände finden auf die gleiche Handlung die Bestimmungen der Disziplinarordnung der Roten Armee der Arbeiter und Bauern Anwendung.

c) Führt die gleiche Handlung zum Eintritt der schädlichen Folgen, deren Abwendung zu den Pflichten der betreffenden Person gehörte, so zieht sie Freiheitsentziehung bis zu zwei Jahren nach sich.

d) Wird die gleiche Handlung im Kriege oder während des Kampfes begangen, so zieht sie Freiheitsentziehung nicht unter einem Jahr nach sich.

e) Die durch den Absatz d) dieses Paragraphen vorgesehene Handlung zieht bei Vorliegen mildernder Umstände Freiheitsentziehung bis zu drei Jahren nach sich.

§ 193[17]. a) Der Mißbrauch der Amtsgewalt, die Überschreitung der Amtsgewalt, die Untätigkeit im Amt sowie die Nachlässigkeit im Dienst seitens eines Vorgesetzten der Roten Armee der Arbeiter und Bauern ziehen, wenn diese Handlungen systematisch, aus eigennützigen Motiven oder sonstigem persönlichen Interesse von ihm begangen werden oder wenn sie die Desorganisation der ihm anvertrauten Streitkräfte, des ihm erteilten Auftrags, das Bekanntwerden von Kriegsgeheimnissen oder sonstige schwere Schäden zur Folge haben oder doch — wie er wußte — haben konnten, oder wenn sie im Kriege oder während des Kampfes begangen werden, Freiheitsentziehung nicht unter sechs Monaten nach sich.

b) Bei Vorliegen besonders erschwerender Umstände ziehen die gleichen Handlungen die schwerste Maßnahme des sozialen Schutzes nach sich.

c) Auf die gleichen Handlungen finden, wenn die durch die Absätze a) und b) dieses Paragraphen vorgesehenen besonderen Merkmale fehlen, die Bestimmungen der Disziplinarordnung der Roten Armee der Arbeiter und Bauern Anwendung.

§ 193[18]. a) Handlungen und Anordnungen eines Vorgesetzten, die die ihm untergebenen Militärpersonen (oder deren Familien) an dem Genuß der für die Militärpersonen der Roten Armee der Arbeiter und Bauern und deren Familien festgesetzten Vergünstigungen und Vorteile hindern, ziehen Freiheitsentziehung bis zu einem Jahr nach sich.

b) Bei Vorliegen mildernder Umstände finden auf die gleichen Handlungen die Bestimmungen der Disziplinarordnung der Roten Armee der Arbeiter und Bauern Anwendung.

c) Werden die gleichen Handlungen systematisch, aus eigennützigen Motiven oder aus sonstigem persönlichen Interesse begangen, so ziehen sie Freiheitsentziehung nicht unter einem Jahr nach sich.

§ 193[19]. Die gesetzwidrige Ausnutzung eines Untergebenen durch seinen Vorgesetzten zu persönlichen Diensten für den Vorgesetzten selbst, dessen Familie oder sonstige Personen zieht Freiheitsentziehung bis zu sechs Monaten nach sich.

§ 193[20]. a) Die Übergabe der ihm anvertrauten Streitkräfte an den Feind, das Imstichlassen vor dem Feinde, die Vernichtung oder Unbrauchbarmachung der ihm anvertrauten Befestigungen, Kriegsschiffe, Kriegsluftfahrzeuge, Artillerie, Kriegsdepots und sonstiger Kriegsmittel sowie das Nichtergreifen der notwendigen Maßnahmen zur Vernichtung oder Unbrauchbarmachung der vorbezeichneten Kriegsmittel, wenn die unmittelbare Gefahr ihrer Erbeutung durch den Feind droht und bereits alle Mittel zu ihrer Erhaltung erschöpft sind, seitens des Befehlshabers ziehen, wenn sie in der Absicht der Vorschubleistung an den Feind begangen sind, nach sich: die schwerste Maßnahme des sozialen Schutzes, verbunden mit Vermögenskonfiskation.

b) Die gleichen Handlungen ziehen, wenn sie zwar nicht in der Absicht begangen werden, dem Feind Vorschub zu leisten, jedoch gegen die Militärbestimmungen verstoßen, nach sich: Freiheitsentziehung nicht unter drei Jahren; bei Vorliegen erschwerender Umstände die schwerste Maßnahme des sozialen Schutzes, verbunden mit Vermögenskonfiskation.

§ 193[21]. a) Die eigenmächtige Abweichung eines Befehlshabers von den ihm für den Kampf erteilten Anweisungen in der Absicht, dem Feind Vorschub zu leisten, zieht die schwerste Maßnahme des sozialen Schutzes, verbunden mit Vermögenskonfiskation, nach sich.

b) Die gleiche Handlung zieht, wenn sie zwar nicht in der Absicht begangen wird, dem Feind Vorschub zu leisten, jedoch wider die Militärbestimmungen verstößt, nach sich: Freiheitsentziehung nicht unter drei Jahren; bei Vorliegen erschwerender Umstände die schwerste Maßnahme des sozialen Schutzes.

§ 193[22]. Das eigenmächtige Verlassen des Schlachtfeldes während des Kampfes, das durch die Kampflage nicht gerechtfertigte Sich-gefangen-nehmen-lassen oder die Weigerung, während des Kampfes die Waffen zu benutzen, sowie das Überlaufen zum Feind ziehen die schwerste Maßnahme des sozialen Schutzes nach sich.

§ 193[23]. Das Verlassen eines untergehenden Kriegsschiffes durch den Kommandanten vor vollständiger Erfüllung seiner Dienstpflichten sowie durch die übrigen Inhaber der Befehlsgewalt ohne die dazu erforderliche Anordnung des Kommandanten zieht die schwerste Maßnahme des sozialen Schutzes nach sich.

§ 193[24]. Die Weitergabe von Nachrichten über die Streitkräfte und die Wehrfähigkeit der U.d.S.S.R. an ausländische Regierungen, feindliche Armeen und gegenrevolutionäre Organisationen sowie die zwecks Weitergabe vorgenommene Entwendung oder Sammlung solcher Nachrichten zieht nach sich: Freiheitsentziehung nicht unter fünf Jahren, verbunden mit Vermögenskonfiskation oder ohne solche; in Fällen, in denen die Spionage besonders schwere Folgen für die Interessen der U.d.S.S.R. hat oder haben konnte, die schwerste Maßnahme des sozialen Schutzes, verbunden mit Vermögenskonfiskation.

§ 193^{25}. a) Die Verbreitung von Nachrichten über die Streikräfte und die Wehrfähigkeit der U.d.S.S.R., die ein besonders schutzwürdiges Geheimnis darstellen, zieht Freiheitsentziehung nicht unter einem Jahre nach sich.

b) Die gleiche Handlung zieht, wenn sie zu besonders schweren Folgen führt oder — wie der Täter wußte — führen konnte, die schwerste Maßnahme des sozialen Schutzes, verbunden mit Vermögenskonfiskation, nach sich.

c) Die Verbreitung von militärischen Nachrichten, die von der Bekanntgabe ausgeschlossen sind, aber ein besonders schutzwürdiges Geheimnis nicht darstellen, zieht Freiheitsentziehung bis zu einem Jahr nach sich.

d) Auf die durch den Absatz c) dieses Paragraphen vorgesehene Handlung finden bei Vorliegen mildernder Umstände die Bestimmungen der Disziplinarordnung der Roten Armee der Arbeiter und Bauern Anwendung.

§ 193^{26}. Das Unterhalten von Beziehungen zu Personen, die der feindlichen Armee angehören oder in feindlichem oder von feindlichen Truppen besetztem Gebiet wohnen, durch Briefwechsel oder andere Mittel zieht Freiheitsentziehung bis zu drei Jahren nach sich.

§ 193^{27}. a) Die Wegnahme von Sachen Toter oder Verwundeter auf dem Schlachtfeld (Marodieren) zieht Freiheitsentziehung nicht unter drei Jahren nach sich.

b) Bei Vorliegen besonders erschwerender Umstände zieht die gleiche Handlung die schwerste Maßnahme des sozialen Schutzes, verbunden mit Vermögenskonfiskation, nach sich.

§ 193^{28}. Raub, Plünderung, gesetzwidrige Zerstörung von Vermögenswerten und Gewalttätigkeit sowie gesetzwidrige Wegnahme von Vermögensgegenständen unter dem Vorwand einer militärischen Notwendigkeit, die gegenüber der Bevölkerung im Gebiet der Kriegshandlungen begangeu werden, ziehen nach sich: Freiheitsentziehung nicht unter drei Jahren, verbunden mit Vermögenskonfiskation oder ohne solche; bei Vorliegen erschwerender Umstände die schwerste Maßnahme des sozialen Schutzes, verbunden mit Vermögenskonfiskation.

§ 193^{29}. a) Die wiederholte oder mit besonderer Grausamkeit verbundene oder gegen Kranke oder Verwundete gerichtete schlechte Behandlung von Gefangenen sowie die Nachlässigkeit in der Erfüllung der Pflichten gegenüber den bezeichneten Kranken oder Verwundeten seitens Personen, die für ihre Heilung und Pflege zu sorgen haben, zieht Freiheitsentziehung bis zu drei Jahren nach sich.

b) Auf eine schlechte Behandlung von Gefangenen ohne die vorbezeichneten erschwerenden Umstände finden die Bestimmungen der Disziplinarordnung der Roten Armee der Arbeiter und Bauern Anwendung.

§ 193[30]. Das widerrechtliche Tragen der Abzeichen des Roten Kreuzes oder Roten Halbmonds im Gebiet der Kriegshandlungen sowie die Erteilung der Anweisung zum widerrechtlichen Tragen durch den Vorgesetzten zieht Freiheitsentziehung bis zu einem Jahre nach sich.

§ 193[31]. Die mißbräuchliche Benutzung von Fahnen und Abzeichen des Roten Kreuzes oder Roten Halbmonds oder des den Sanitätstransportmitteln vorbehaltenen Farbanstrichs während des Krieges zieht Freiheitsentziehung bis zu einem Jahre nach sich.

Zehntes Kapitel.

Verbrechen, die Überreste eines traditionellen Volksgebrauches bilden.

§ 194. Die Annahme einer Entschädigung in Form von Vermögensvorteilen, die von dem Mörder, seinen Eltern, seinen Verwandten oder seiner Sippe an die Eltern, Verwandten oder die Sippe des Erschlagenen als Abfindung für die Befreiung von der Rache oder gesetzlichen Verfolgung gezahlt wird, zieht nach sich: Geldstrafe bis zum doppelten Wert der erhaltenen Entschädigung.

§ 195. Die Umgehung der Aussöhnung mit dem Mörder und seiner Sippe in dem örtlich festgesetzten Sühneverfahren seitens der Sippegenossen des Erschlagenen sowie die Behindurung der Aussöhnung ziehen nach sich: Ausweisung aus dem betreffenden Gebiet, verbunden mit teilweiser Vermögenskonfiskation oder ohne solche.

§ 196. Die Zahlung eines Lösegelds für die Braut (Kalym) durch den Bräutigam, seine Eltern, Verwandte oder Verschwägerte an die Eltern, Verwandten oder Verschwägerte der Braut in Form von Geld, Vieh, sonstigen Vermögensgegenständen oder persönlichen Arbeitsdiensten zieht nach sich: Freiheitsentziehung oder Zwangsarbeit bis zu einem Jahr.

Die Annahme eines Lösegeldes zieht die gleichen Maßnahmen, verbunden mit einer Geldstrafe in Höhe des Lösegeldes, nach sich.

§ 197. Die Nötigung einer Frau zur Eingehung der Ehe oder zur Fortsetzung der ehelichen Gemeinschaft sowie der Raub einer Frau in der Absicht, mit ihr die Ehe einzugehen, ziehen nach sich: Freiheitsentziehung bis zu zwei Jahren.

Anmerkung: Die damit verbundene Notzucht an der Frau zieht die in den §§ 151 oder 153 dieses Gesetzbuchs vorgesehenen Maßnahmen nach sich.

§ 198. Die Eingehung der Ehe mit einer Person, die die Ehereife noch nicht erreicht hat, zieht Freiheitsentziehung bis zu zwei Jahren nach sich.

Die Eingehung der Ehe mit einer Person, die die Geschlechtsreife nicht erreicht hat, oder die Nötigung zur Eingehung einer solchen Ehe, ziehen die in § 151 dieses Gesetzbuchs vorgesehenen Maßnahmen nach sich.

§ 199. Die Bigamie oder Polygamie ziehen nach sich: Zwangsarbeit bis zu einem Jahr oder Geldstrafe bis zu tausend Rubeln.

Anmerkung: Die Geltung der Strafgesetze, die die Bigamie und Polygamie verbieten, erstreckt sich nicht auf das Zusammenleben in Ehen, die vor Veröffentlichung dieser Gesetze geschlossen sind.

§ 200. Die eigenmächtige Fortnahme von Vieh oder sonstigen Vermögensgegenständen (Baramta), die ohne Zueignungsabsicht lediglich zu dem Zweck erfolgt, den Betroffenen oder seine Verwandten zu zwingen, für eine Beleidigung Genugtuung oder für einen Vermögensschaden Ersatz zu leisten, zieht nach sich: Zwangsarbeit bis zu sechs Monaten oder Geldstrafe bis zu fünfhundert Rubeln.

Wird die gleiche Handlung unter Mitführung von Waffen begangen, so zieht sie Freiheitsentziehung bis zu einem Jahre nach sich.

Wird die gleiche Handlung von einer Mehrheit von bewaffneten Verwandten begangen, so zieht sie für die Veranstalter, Anstifter und Führer Freiheitsentziehung bis zu drei Jahren, für die übrigen Teilnehmer Freiheitsentziehung bis zu einem Jahr nach sich.

§ 201. Der unter der Beteiligung einer großen Zahl von Verwandten oder Stammesgenossen aus Sippen- oder Stammesfeindschaft veranstaltete Überfall auf eine Person, eine Familie, eine Sippe oder einen Stamm, auf Wohnorte oder Wohnstätten zieht für die Veranstalter und Führer Freiheitsentziehung bis zu einem Jahre nach sich.

§ 202. Gewalttat, Totschlag, Körperverletzung, Schläge usw., die während eines Zusammenstoßes (§§ 200 und 201) verübt werden, werden wie das Verbrechen verfolgt, unter dessen Merkmale diese Gewalt fällt.

§ 203. Die Anmaßung richterlicher Befugnisse durch Rechtsprechung gemäß den Gebräuchen der einheimischen Bevölkerung (Adat u. dgl.) unter Verletzung der Grundlagen des Sowjetrechts und Ausnutzung der aus den Beziehungen zum traditionellen Volksgebrauch herrührenden Abhängigkeit der Parteien zieht nach sich: Zwangsarbeit bis zu einem Jahr oder Geldstrafe bis zu tausend Rubeln.

§ 204. Die Zwangserhebung von Abgaben für religiös-traditionelle Zwecke unter offensichtlicher Ausnutzung des aus dem traditionellen Volksgebrauch herrührenden Abhängigkeitsverhältnisses der Zahlenden zieht nach sich: Zwangsarbeit bis zu sechs Monaten oder Geldstrafe bis zu tausend Rubeln.

§ 205. Die Geltung dieses Kapitels erstreckt sich auf die autonomen Republiken, autonomen Gebiete und andere Örtlichkeiten der R.S.F.S.R., in denen die im zehnten Kapitel aufgezählten gemeingefährlichen Handlungen Überreste eines traditionellen Volksgebrauchs der das betreffende Gebiet bewohnenden Nationalitäten bilden.

Nachtrag.

I. Bis zur Novelle vom 20. 5. 1930 (vgl. S. 13 Note 1) waren vorgesehen:

a) Freiheitsentziehung mit strenger Isolierung in den §§ 14 Anm. 1, 58^{2}, 58^{4}, 58^{6} Abs. 1, 58^{10}, 58^{12}, 58^{14}, 59^{2} Abs. 1 Ziff. a), 59^{3}, 59^{3a} S. 2, 59^{3b}, 59^{5}, 59^{6}, 59^{7} Abs. 2, 59^{9}, 59^{10}, 59^{11}, 79 Abs. 2, 81 Abs. 3, 104 Abs. 2, 109, 110, 112 Abs. 1, 114, 116 Abs. 2, 117 Abs. 2, 129a Abs. 1, 136, 167 Abs. 2 u. 3, 193^{2} Abs. a) u. c), 193^{3} Abs. a) u. b), 193^{4} Abs. a) u. b), 193^{7} Abs. c), 193^{9} Abs. b), 193^{12} Abs. c), 193^{15} Abs. d) u. e), 193^{16} Abs. d), 193^{18} Abs. c), 193^{20} Abs. b), 193^{21} Abs. b), 193^{24}, 193^{25} Abs. a), 193^{27} Abs. a), 193^{28};

b) Freiheitsentziehung ohne strenge Isolierung in den §§ 28 Anm. 1, 193^{5} Abs. a) u. b), 193^{6} Abs. a), 193^{7} Abs. a), 193^{14} Abs. a) u. c), 193^{15} Abs. a), 193^{16} Abs. a) u. c), 193^{18} Abs. a), 193^{19}), 193^{29} Abs. a), 193^{30}, 193^{31} — die übrigen Fälle der Freiheitsentziehung ohne strenge Isolierung waren durch »Freiheitsentziehung« schlechthin bezeichnet;

c) Freiheitsentziehung mit strenger Isolierung oder Freiheitsentziehung ohne strenge Isolierung in den §§ 193^{7} Abs. e), 193^{12} Abs. a), 193^{14} Abs. d) u. e), 193^{15} Abs. c), 193^{16} Abs. e), 193^{17} Abs. a), 193^{25} Abs. c), 193^{26}.

II. § 62 ist durch folgende »Anmerkung« zu ergänzen:

Die Geltung des dritten Absatzes dieses Paragraphen erstreckt sich nicht auf diejenigen Fälle der Verheimlichung der Quellen der der einheitlichen Landwirtschaftssteuer unterliegenden Einkünfte, in denen Verwaltungsstrafen gemäß der Verordnung über diese Steuer verhängt werden.

III. § 129a ist durch folgenden zweiten Absatz zu ergänzen:

Die Teilnahme an der Arbeit scheingenossenschaftlicher Organisationen seitens Personen, die sich bewußt sind, daß die fragliche Organisation sich als eine Scheingenossenschaft darstellt, und aus dieser Teilnahme einen Unternehmergewinn ziehen oder bewußt zur Verdeckung des wahren Charakters der betreffenden Organisation beitragen, zieht nach sich: Freiheitsentziehung bis zu zwei Jahren oder Zwangsarbeit bis zu einem Jahr.

IV. Zu §§ 28 Anm. 1, 59^{5}, 193^{5}ff.:

»Vorgesetzter« bezeichnet in den §§ 193^{5}, 193^{18}, 193^{19}, 193^{30} den Gegensatz zum Untergebenen, in den §§ 28 Anm. 1, 59^{5}, 193^{7}, 193^{8}, 193^{17} den Gegensatz zum Gemeinen, die Zugehörigkeit zu dem Stand der Befehlenden. Der russische Text, der die Worte »Offizier« und »Unteroffizier« bewußt vermeidet, hat für die zweite Bedeutung einen besonderen technischen Ausdruck, für den sich im Deutschen ein Gegenstück nicht finden läßt.

FSC
www.fsc.org
MIX
Papier | Fördert gute Waldnutzung
FSC® C083411

Kolibri 360 GmbH
Ferdinand-Jühlke-Straße 7
99095 Erfurt, Deutschland
produktsicherheit@kolibri360.de